东方讲坛·社会科学普及读物系列

从历史看中国

——中国历史十二讲

上海市社会科学界联合会 编

上海人民出版社

序

一个讲坛，创办 11 年，举办 24000 多场，直接听众约达 580 万人次，实属不易。这就是由上海市社联主办，全市各区县、各单位支持、协办的东方讲坛。东方讲坛以“普及社科知识，服务大众”为宗旨，坚持邀请名家，面向基层宣讲普及人文社科知识，如种子、像清泉，撒向我们这个城市的四面八方。东方讲坛已经成为具有上海特色的社会公益性文化品牌。

讲坛总有休止的时候，可是那些精彩的演讲、闪光的思想、宏大的智慧、厚积薄发的创作，随话音的落下而消逝，岂非可惜。除了音频保存而外，我们还想到了文字。这不是简单的录制或删减，而是一种再创作，是知识的沉淀、思想的延续。这对未曾有缘听讲的读者，也是一种补偿。

用心做好社会科学普及工作，是一件功德无量的事情。它不仅可以普及社会科学、人文科学常识，消除发展中国家人们的浮躁不安与歧见，还可以普遍提高公民素养，给全面小康社会增加道德文化含量。完全可以说，这是我们这个城市走向现代化不可或缺的一项建设。

这里展现的是人文社科普及丛书的第一批作品。集腋成裘，聚沙成塔，本丛书一定会洋洋大观，成为社科界乃至全社会一笔可观的财富。

秦绍德　上海

目　录

郭泳

上海戏剧学院戏剧文学系毕业后，任上海教育报刊总社编辑、记者、《当代学生》编辑部主任。蕴趣于古汉语和中国古代史研究，著有《空谷幽兰马湘兰》、《你看你看京剧的脸》、《陈端生与〈再生缘〉》、《陈昕出版思想评传》、《夏史》（“细讲中国历史”丛书）等，并任京剧电视艺术片《凤还巢》编剧。在报刊上发表古史探秘散文以及著名文史大家访谈录百余篇。曾参与编撰“当代学生阅读经典丛书”以及大型辞书《师典》。

二里头遗址孕育的早期华夏文明

“天下第一都”和“最早的中国”

二里头，位于河南省洛阳市偃师西南 9 公里处。

沿着圪垱头村的小道向里走，刚走进二里头村，迎面就是一个大牌坊：“天下第一都”。它告诉我们，四千年前一座庞大的历史古城，就在我们脚下。

地上，坐落着公元 21 世纪农舍俨然的沃野乡村；地下，静躺着公元前 21 世纪惊世繁华的超级都市。

这座大都市范围广大，由今日的五个自然村组成：圪垱头、二里头、四角楼、寨后、辛村，加起来面积为 375 万平方米（东西 4 华里，南北 3 华里）。

这座大都市至少由四五个宫殿群组成，宫殿的体量惊人。如 1 号宫殿，东西长 108 米，南北宽 100 米，凡 10000 多平方米，有居室、厅堂、走廊、宫墙，在当时可谓豪华。

这座大都市有宽阔方整的“井”字形大道，组成了都市交通网。一般道路在十来米宽，相当于现代城市的“两车道”。

这座大都市有着完整的地下排水系统，目前发现的下水道，一头大一头小，埋在地下一米深处。

二里头当时和现在都属于偃师地区。而偃师历来是帝王之都。《史记》上说：“昔三代之君，皆在河、洛之间。”

二里头这座大都市地处伊、洛、河（黄河）三大河流的交汇处，坐落在开阔的河洛平原上，森林茂密，物产丰富，气候温和（当时气温比现在大约要高 2 摄氏度），极适宜生存和发展。它南依文化气息极浓的邙山，四边是大河巨川，足下是一马平川，在几千年间一直是中国东西交通的要道，东西货运的集散地。这一带被称为“中国之中”是恰如其分的。

当年，这里居住着约 6200 户城市居民，有三四万人口，基本可分为贵族、手工业者、自由民、城市贫民。当时天下只有一千万人口，而这里就有那么多人。二里头考古工作队队长许宏称：“这是世界上最早的一座移民城市。”

这里还有地势之利。站在二里头放眼眺望，一派平原气象，远处隐约可见的是邙山山脉。但实际上，它是平原中的“高丘”，可种各类作物，水灾来临却常能幸免。1982 年河南一场大水灾，整个伊洛平原沦为泽国，唯独二里头“高高在上”，安然无恙。原来当时水位达到海拔 118 米，而二里头偏巧在 120 米以上。

这真是块神奇的土地，大禹选择这里为治水的出发点，很有道理。

“我们丢失了一座几千年前的大城”

伊洛地区很早就引发学者的关注，认为它必是中华文明的风水宝地。

据说，著名史学家徐旭生先生读史读到“伊、洛竭而夏亡”（《国语·周语》）时，拍案而起：“传说中的夏王朝，当建都于伊洛平原。”

1959年秋，72岁高龄的徐旭生带着他的考古团队行进在千里伊洛平原。

当他们来到二里头时，徐旭生一步一深思地在田头寻觅，一个农民模样的中年人走过来问：“老先生，您是不是丢了什么东西啊？”徐老先生笑了笑，说：“是啊，丢了一个大东西，丢了一座几千年前的大城……”

第二年开春即成立了考古工作队。之后的半个多世纪中，中科院考古所共组织了8次大规模的考察，成果丰硕。但对二里头遗址性质的争议也随之而起。

21世纪初，“夏商周断代工程”考察报告正式发布，学者们基本认定：二里头遗址昭示的是夏代文明。

从二里头遗址看夏文明

（一）夏代进入了青铜时代

曾经有一种占主导地位的说法，说青铜时代是从商代开始的。

目前看，此说已经不对。

早在公元前4700年，陕西临潼的姜寨遗址就发现了人工冶炼的残铜片。后来有黄帝“以铜为兵”的传说。夏代，据文献记述，铜的冶炼已有所发展。从文献记述来看，当时铜有四大用途：其一，“以铜为兵”，就是有了铜兵器了；其二，“以铜为兵，以凿伊阙”，是说大禹治水已用上铜工具了；其三，“以金铸币”，文献记载已有了铜货币，但考古上未证实；其四，“贡金九牧”，是说当时各州赋税的一部分是用铜来核算的。

二里头遗址已发现青铜器约200件，包括容器、兵器、乐器、礼仪性饰品和工具等。这些青铜器种类繁多，尽管相比鼎盛时期的商代青铜器要单薄、粗糙些，但在工艺上已逊色不了多少了；制作过程中“范”(模具)的出现，证明已可批量生产了，现在发掘出来的可能只是当时实际生产的铜制品的一部分。这时期的器物一般还很轻薄，体量也很小，最高的也不足30厘米。铜器铸成后往往也不经仔细的打磨和清理。器表多为素面，仅见有较为简单的几何花纹

图1　二里头一号宫殿复原图

如乳丁纹、圆圈纹和网格纹等。他们虽其貌不扬，却开启了中国青铜时代的先河。此外，在官营作坊区南部临近古伊洛河的高地上，考古队发现并发掘了一处大型青铜器冶铸作坊遗址。这是迄今所知中国最早的青铜器铸造作坊。

从目前出土的青铜器来看，已有比较复杂的形制和器种，采取了范铸法及嵌绿松石技艺。二里头制作和浇铸铜器基本上使用的是陶范，要经过制模、制型、合范三道工序。这在当时是世界上最为先进的。

（二）夏代进入了玉石时代

著名玉学专家徐正伦先生说："懂得古玉就懂得中国人，懂得中国文化。因为玉的文化就是中国七千年的文化，玉的故事就是中国十多亿人的故事！"徐先生此说极有见地。世界上没有另外哪个国家会如此广泛地"怜香惜玉"，也很少有国家的人会视美玉如人生，说出"宁为玉碎，不求瓦全"这样流传千古的誓言来。

如果说玉文化有七千年的历史，那么，在这漫长历程中人们对玉的感受和理解前后又是不尽相同的，七千的琢玉，七千年的体味，"古之君子必佩玉"，"君子无故玉不去身"，玉成了君子心目中须臾不可离的护身神器。

夏王朝的建立，意味着玉石文化进入了一个全新的历史阶段。在这个时期，谁拥有了高贵的玉石制品，谁就拥有了财富、地位、权力，甚至王权也是用玉石来昭示的。《尚书》记载：大禹治平了洪水，划定了九州，制定了禹贡制度，天下的官民也都安顿停当了。东到达大海，西到达沙漠，从南方到北方，王者的政令教化都可以到达了。这时，为了奖励大禹的功绩，舜帝采取了措施——

禹锡（赐）玄圭，告厥成功。

帝舜赐给大禹一根玉制的、深黑色的玉石玄圭（舜顺应夏族传统，给“玄”色之圭），一是奖掖其治水的成功，二是以示将权力转交给了大禹。圭是古代帝王诸侯朝聘、祭祀、丧葬等举行隆重仪式时所用的玉制礼器，长条形，上尖下方。其名称、大小因地位、用途不同而不同。这次舜帝的赐“玄圭”具有权力转移的象征意义，也可以说是真正的玉石时代的肇始。

《书·舜典》有“修五玉”的说法，孔颖达（孔子的第31世孙，奉唐太宗命编纂《五经正义》，经学家）疏云：“五玉，公、侯、伯、子、男所执之圭璧也。”在舜当时，公、侯、伯、子、男这些称谓未必有，但是，作为天下共主的帝舜给属下的官员授圭璧是会有的。玉的功能的这一转换，可能就是在帝舜和大禹权力交接的前后一段时间。至于王者，为了显示自己身份的特殊，更是玉不离身。《礼记·曲礼》曰：“君无故玉不去身。”

关于圭的权力象征意义与等级制度之间的关系，在《周礼》上有明确的记述和说明，这是三代前所没有的，也就是说从夏王朝开始形成权力阶梯。

玉人之事。镇圭尺有二寸，天子守之。命圭九寸，谓之桓圭，公守之。命圭七寸，谓之躬信圭，伯守之侯守之。命圭七寸，谓之躬圭，伯守之。天子执冒，四寸，以朝诸侯。天子用全，上公用龙，侯用瓒（祭祀用的一种像勺子的玉器），伯用将。继子男，执皮币帛。

这段话较为明确地阐说了作为礼器的“圭”在形成和维护统治秩序中的作用。这里，玉成了界定森严等级的一种物质准绳。同样是圭，有一尺二寸、九寸、七寸之别。不同尺寸的圭又用不同质地的玉制作，明显强调的是地位越高，所持玉的质料越好，在这点上，谁都不得越雷池半步，这应该是前所未有的。

不只玉质因社会地位而有别，就是系于玉上的绶带也要打上等级的印记。

古之君子必佩玉。……君子无故，玉不去身。君子于玉比德焉。天子佩白玉而玄组绶，公侯佩山玄玉而朱组绶，大夫佩水苍玉而纯组绶，世子佩瑜玉而綦织绶，士佩瓀玟而缊组绶，孔子佩象环五寸而綦组绶。(《周礼·玉藻》)

正因为如此，天子必须佩带白玉，而系玄色（黑色，夏氏族自古以来的主色调）绶带。公侯佩带山形纹理的玄玉，而系朱红色的绶带。大夫佩带苍黑色水纹理的玉，而系缁色绶带。太子佩带瑜玉（孔颖达疏：“瑜是玉之美者。”），而系杂色的绶带。士人佩瓀玉，系赤黄色绶带。这段文字虽说是在描述三代总体的玉文化，但夏族的文化色彩还是很明显的。这段文字中的“玄组绶”、“玄玉”、“水苍玉”（“苍”亦为黑）、“纯组绶”（“纯”亦指黑色、缁色），这些都与“夏尚黑”的观念一致。

有夏一代，令地方各州贡玉，成为显示王权的一个重要方面。

据相关史书记载，除中央所在地的冀州本州是免贡外，基本上每个州要求必须“贡玉”：

青州：岱畎丝、铅、松、怪石。

徐州：厥贡惟土五色，羽畎夏翟，峄阳孤桐，泗滨浮磬。淮夷蠙珠暨鱼。

扬州：厥贡惟金三品，瑶、琨……

荆州：厥贡羽毛齿革，惟金三品，砺砥砮丹。

豫州：锡贡磬错。

梁州：厥贡璆、铁、银、镂、砮、磬。

雍州：厥贡惟球、琳、琅玕。

大约因兖州实在无玉可贡之外，其他七个州都贡了玉。这说明在夏朝时玉文化已经十分发达、遍及四面八方，中央王朝对玉文化也格外重视。青州贡的“怪石”即美玉；徐州贡的“泗滨浮磬”是产于泗水之滨的玉石；淮夷贡的“蠙珠”是一种产于淮水的蚌珠；扬州所贡的瑶和琨是两种优质的玉类；荆州所贡的“砮丹”是一种粉红色的宝玉；豫州和梁州所贡的“砮、磬”是一种中等级别的玉石；梁州所贡的璆是种最上等的美玉；雍州所贡的“球、琳、琅玕（亦作瑯玕，似珠玉的美石）”代表了玉的三个档次。夏王国的统治阶层命令各地方贡出玉的优良原料，一方面是显示王权，另一方面可以利用这些优质的玉原材料，制作出种种玉器以供王家使用。

二里头的地下发掘显示了其玉器品种的繁多和制作的精美。出土的玉制品有玉刀、玉钺、圭、玉戈、璋、玉戚等。这些玉器有两个鲜明的特点：一、有相当部分的玉器是与武器、武力相关联的，这显示了玉与夏代国家制度的紧密联系。“玉武器”当然无法发挥实战作用，而是表明其具有鲜明的象征意义，象征着威慑力和震撼力。它似乎是对人们说：“玉武器”是神圣的、圣洁的，它昭示的是神的意志。谁敢违背神的意志，那势必受到神灵的“天罚”。“玉武器”把“天罚”这个中国的传统观念实体化了。二、有些玉器是直接宣示王权威严的，如“圭”，本身就是权力的象征，获得“圭”的人，就可以运用手里的权力，为王国尽力，如禹就是从获取玉圭走向天下共主的宝座的。

近年来，在二里头宫殿区以南的官营作坊区内，发现了一处绿松石器制造作坊，单是堆积绿松石的料坑就有1000平方米的范围，可见其规模宏大。这一绿松石制造作坊的南边就是制铜作坊，都紧挨着贵族居住的宫廷区，可见，它的生产和制作是受王室直接控制的，而且受到夏王室异乎寻常的重视。除了这一较大的绿松石作坊外，在二里头都市区似还有一些零星的小作坊存在，绿松石料、半成品、成品四散各处。从二里头出土的绿松石制品看，有绿松石管、珠以及为数相当多的嵌片之类。这在当时肯定是一个重要的手工业部门。

（三）夏代华人和华族观念的形成

中华文明常被称为华夏文明。“华夏”一词最早见于《尚书》：“华夏蛮貊，罔不率俾。”《尚书正义》注曰：“冕服华章曰华，大国曰夏。”唐代孔颖达为《左传》注疏说：“中国有礼仪之大，故称夏；有服章之美，谓之华。”华夏文明便是这样地域宽广、服饰华美、礼仪讲究的一种文明。

如果说，“夏”指“大国”，“华”又是何义呢？

原来，在漫长的历史进程中，“华”与“花”同义。在魏晋南北朝之前，只有“华”字，没有“花”字，当人们讲到“华”时，指的就是“花”。“华”的繁体字，便似一簇盛开似锦的繁花，比后来出现的“花”字更形似于花。中华民族是以农为本的，发展到一定阶段，开始崇拜与农业有着最密切关联的“花”，并自以为是花神的后裔。学者王增永在《华夏文化源流考》一书中指出：“夏之华，源自于花，应该说是非常清楚的事。华夏民族的远古祖先为何自称为花的后人呢？依据原始文化学和文化人类学的理论，世界上任何文明民族，都有一个以图腾为氏族标志氏族称号的文化时代。华夏民族也不例外，华夏民族的祖先，就是一个以花为图腾的古老民族。”

当时已进入农耕社会，人们对花敏感是可想而知的。《诗经》中有“实发实秀，实坚实好”的说法，这里的“秀”是指谷类植物的开花抽穗。的确，只有花开得好，果实才会丰硕，花直接关系到人们的生计。这是生产生活实践中获得的经验。一个以农为本的社会产生对花的崇拜，毫不足怪。

“华”崇拜大约经历了三个阶段：第一个阶段是对花实体的崇拜，我们看到的描画在彩陶上的四瓣花、六瓣花、八瓣花等等，正是对这些花的实体崇拜。《礼记》上说“天子树瓜华”，是对瓜之花的崇拜，这大概是因为早先的人们过着“瓜果半年粮”的生活的缘故。第二个阶段是“华”的抽象化阶段，举凡像花一样绚烂、美丽的东西，都可名之为“华”。比如“日月光华”，就是把日月之光辉比之于花。《礼记》上说“乐者，德之华也”，也是花的抽象化，说礼像花一样富于光华。第三阶段是“华”的人格化。就是通过艺术夸张的手法，塑造出一个个鲜活的、以“华”命名的人物形象来，此时，以“华”命名的族群也已经是呼之欲出了。

公认的华氏之祖是华胥，相传她是女性，是伏羲氏与女娲的母亲。神话学家陆思贤这样说：“华胥也即‘花醢（音海）’，今言‘花蜜’，华胥义为光华而又甜蜜的花朵，伏羲氏的母族是一枝花。伏羲一作宓牺，宓一音蜜，概有袭母名之意。”在《列子》一书中，还说华胥创立了自己的国家，名为“华胥氏之国”。这是美好的“华之国”。伏羲氏的女儿名头更大，她被称为宓妃，是美丽的华胥的孙女，因迷恋洛河两岸的美丽景色，降临人间，来到洛河岸边，后来被永远纪念在《洛神赋》里。到了唐朝，李商隐还有“宓妃留枕魏王才”这样的诗句来歌咏她。

神农被称为炎帝。炎帝的母亲是华氏族的女子。《玉函山房辑佚书》辑《春秋纬元命苞》：“少典妃安登游于华阳，有神龙首感之于常羊，生神农。人面龙颜，好耕，是谓神农，始为天子。”华阳应是华氏领地。从这个神话传说看，炎帝的父母都常游于华氏领地，他们本身也该是华氏青年男女。

黄帝与炎帝一样也是华氏后代。华盖是帝王的专用伞盖，传说为黄帝所创造。《古今注》：“华盖，黄帝所作也。与蚩尤战于涿鹿之野，常有五色云气，金枝玉叶，止于帝上，有花葩之象，故因而作华盖也。”华盖上“有花葩之象”，可见是以花朵为纹饰的车盖，也是花图腾的一种形态。

唐尧与“华”文化的关系更显密切。华表的出现大概是很早的事，据说，华表“状若花”，树立在当时村社的通衢的交叉路口，以指示这里是以花为图腾的氏族群体。

唐尧有两个女儿，一名娥皇，一名女英。“皇”有花义。《尔雅·释言》：“华，皇也。”古人将初生的花蕊称为皇辜。《诗经·郑风·有女同车》：“有女同车，颜若舜英。”尧不只有两个以花命名的女儿，还有以花命的夫人。《世本·帝系篇》：“尧取散宜氏子，谓之女皇。女皇生丹朱。”

舜时以花为图腾的情形十分明确。“舜”字本义是一种花蕊突出的植物。舜取名于一种紧紧地贴在地面生长的花草。

大禹的生平也与花图腾有着不解之缘。“禹母修己，吞神珠如薏苡，胸拆生禹。”崇拜和吞食薏苡，实际上是崇拜薏苡仁，而崇拜薏苡仁再前推是崇拜薏苡花，这里讲的也是一种花崇拜。

上述种种告诉我们，在神州大地上，花的崇拜与花的图腾源远而流长。传说中的那些远古王者，都是华氏族群的传人，他们一代又一代地传承着“华”的容颜和“华”的精气，以“灼灼其华”和“皇皇者华”来策励自我，来凝聚人心。到了大禹的那个时代，完整意义上的“华族”即将形成了。

进入农业社会以后，整个社会就会环绕着农业生产运转，也势必会影响到“华”文化的格局和内涵。此时的“华”（花）已不仅仅指称花花草草，而是更多地与农事发展和农业改良结合在一起。以《夏小正》中的“华”文化为例作一说明。在《夏小正》一书短短的四五百言中，言及花的有数十处，涉及花的品种也相当之多，如梅花、杏花、桃花、菊花、柳花、野菜花、苦菜花、茶花、梧桐花、王瓜花、小草花、野山花，等等，而这些花又无不与节令、与农事、与民生紧密关联，这里的“华”文化相较从前有着另一番气象。《夏小正》昭示的“华”文化往往与农时节令相联系，提醒人们不忘农耕。

（四）夏代龙的传人观念的形成

华夏族既然有了“华”的崇拜与图腾，又怎么会有“龙”的崇拜与图腾呢？

花的崇拜与图腾总体而言是比较面向现实的。花有五色，绚烂无比，妆点世界，也妆点人心，给人一种大的愉悦感。“暮春三月，江南草长。杂花生树，群莺乱飞。”“杂花生树”，活脱脱地画出了一幅“花”景图。“华而实”，“华”（花）谢之后带给世界的是累累硕果，这对“民以食为天”的中华子民来说，是最现实的祈求。相对于比较现实的花的崇拜和花的图腾来说，龙的崇拜和龙的图腾是偏向于理想的。世间本没有龙这个实物，是理想的追求“创造”出了龙这种异物。

河南二里头遗址是大家基本认同的夏墟所在地。在二里头遗址的发掘过程中，发现了数量相当可观的龙文化崇拜和龙文化图腾的遗存，给人以广阔的想象空间。

2002年中国社会科学院考古研究所在清理偃师二里头三号宫殿

图2　二里头遗址出土的绿松石龙形器

南院的墓葬时，在墓主的骨架上发现了1件绿松石片组成的龙。

该“龙”置于墓主人尸骨上，头朝西北，脚向东南。由2000余片各种形状的绿松石片组合而成。这些绿松石均被打磨成2毫米左右的薄片，拼缀而成的龙身长63.5厘米，中部最宽处4厘米。龙头置于由绿松石片粘嵌而成的近梯形托座上。龙头隆起于托座上，略呈浅浮雕状，为扁圆形巨首，吻部略突出。以三节实心半圆形的青、白玉柱组成额面中脊和鼻梁，绿松石质蒜状鼻端硕大醒目。玉柱和鼻端根部均雕有平行凸弦纹和浅槽装饰。扁目圆睛。龙身略呈波状曲伏，中脊微凸，外缘立面粘嵌一排绿松石片。距龙尾端3.6厘米处，还发现一件绿松石条形饰，长14.5厘米、宽2.1厘米，与龙近于垂直。此条形饰的上部由一排横长方形石片和一排纵长方形石片平行嵌合而成，下部则表现出连续的似勾云纹的图案，作为衬托是在表现龙飞云端的意境。由龙首至条形饰总长70.2厘米。在龙首半圆形玉柱的底面发现于白色和浅黄色附着物，可能是黏合的痕迹。

这座墓葬的主人是谁呢？墓主为成年人，墓底撒有朱砂，墓内随葬品十分丰富，包括铜器、玉器、松花石器、白陶器、漆器。有一铜铃，置于墓主的腰部，这一切可见，这是个有较高社会地位的人。《夏商周考古学研究》一书的作者杜金鹏推测，这可能是一位高级宗庙的管理人员。

上面这组富于画面感的材料，使人想到《易经·乾卦》中的名句“飞龙在天，利见大人”。这条龙龙头隆起，龙身曲伏，龙睛圆睁，前端又有云状物，可见是一条飞龙。飞龙与“大人”相配，想来躺在龙身下的那位贵人必是飞龙所“利见”的那位“大人”了。人与龙之间的联袂互动，这本身就是龙文化走向成熟的主要标志。

二里头出土的陶品和金属器上，也出现了数以百计的“龙图像”，这是以前任何历史时期所没有的。在此讲述几则大禹治水时与龙相关的故事。

第一个故事：大禹接手治水大业以后，仍然继承父辈“以息壤填洪”的老办法，不见功效。这时“有神龙出焉”，告诉禹不能一味地用那堵塞的老办法了，这就是所谓的“神龙以尾画地，导水所注”。这是解决了治水疏还是堵这个大问题，神话故事把功劳归之于神龙。

第二个故事：禹凿龙门时，走进了一个大洞穴，数十里，幽暗不可复行。禹仍负火而进，这时，“有兽状如豕，衔夜明珠，其光如烛。又有一青犬，行吠于前，禹计可十里，迷于昼夜。既觉渐明，见向来豕犬变为人形，皆着玄衣。又见一神，蛇身人面。禹因与语，神即示禹八卦之图，列于金瓶之上。又有八神侍从。禹曰：‘华胥生圣子，是汝耶？’答曰：‘华胥是九河神女，以生余也。’乃探玉简授禹，长一尺二寸，以合十二时之数。”（［晋］王嘉《拾遗记·夏禹》）虚虚实实、真真假假，总之是要告诉我们：“蛇身人面”的神是大禹平水土的天助之神。而这神是华胥之子，形象与龙很接近。“龙”图腾在“华”图腾之后，也非常顺理成章。

第三个故事：据说大禹平水土曾“三至桐柏山”，那里“惊风走雷，石号木鸣，五伯拥川，天老肃兵，功不能兴”。这时，禹大怒，乃召集龙神以及桐柏山君商议如何对付。在龙神的帮助下，先把作乱的鸿蒙氏、章商氏、兜卢氏、犁娄氏抓起来，最后把兴风作浪的水妖无支祈捉拿归案。在龙神的配合下，“将水妖颈锁大索，鼻穿金铃，徙淮阴龟山之足下，俾淮水永安流注海也。”（［唐］李公佐《古岳渎经》）治淮是大禹治水的大工程之一，在这个故事里他也得到了龙神的大力配合。

通过大禹治水中的这些故事，还有二里头发掘出的种种陶制品和铜制品上许多龙所展示的形象，以及五帝以来一系列的神话故事，中华龙的品格渐次形成并清晰起来。

中国龙的品格有哪些呢？

第一，和谐聚合的品格。不少学者对“龙”的原始意义进行了一系列的探究。以笔者之见，“龙”的初义，即是“拢”，也就是把一些原本不同的元素拢聚在一起、集合在一起，通过融会贯通，形成一个新的统一体。“龙”就是通过“拢”的手段加工组合成的世间本没有、但又被大家公认为有的一种物类。如夏王朝建立之前的龙，它至少汇“拢”了氏族中的蛇图腾、猪图腾、牛图腾群体，还可能有羊与鱼图腾的群体。把这些群体组合起来，就是一种龙的文化了。大家在龙的图腾面前，就会感觉到我中有你、你中有我。这就是一种和谐。

第二，为民除害、为民造福的品格。自古及今，龙的历史已有七八千年，各个历史时期，各个地域，创造出了不知多少条龙。如果单一的从美观的视角去考量，龙说不上是一种很美的物类。它的美是内在的，是品格化的。人们崇拜龙，并以之为图腾，是因为它能为民除害、为民造福。上述大禹平水土过程中的诸多龙都是为民除害的“英雄”。

第三，神通广大的品格。中华民族是一个多灾多难的民族，只有奋斗，才能生存，才能发展。因此，必须创造出一种神通广大的、充满生命力的、善应万变的神物来应对种种灾异，这种神物后来就被人们称之为“龙”。

这充满生命力、善应万变的龙，又会使我们想到我国最早的经典《易经》。《易经》就是讲变与不变的。这部经典的第一卦就是乾卦，也就是龙卦。龙卦中的这条中国龙，一忽儿“潜龙勿用”，一忽儿“见龙在田”，一忽儿“或跃在渊”，一忽儿“飞龙在天”，一忽儿“群龙无首”——通过千变万化，达到“元、亨、利、贞”的最高境界。二里头遗址遗物上的种种龙形图，正好证明了龙的“永远运动、永远变化”的品格和性格。

中国龙的品格，实际上就是中华民族的品格。这种龙的民族品格，到了大禹治水成功和夏王朝的建立，已经趋于成熟。中国原龙的真正成形，与中华民族第一次大统一的到来是同一的。学者杜金鹏认为：“二里头遗址出土的龙文物，可以视为中华民族共有的最早的龙图腾。海内外华人皆以‘龙的传人’自居，以龙作为中华民族的象征，这是有着数千年历史渊源的文化传统，是伴随着中华文明形成而产生的民族情怀。”

世界上最早最大的移民城市的出现，农业社会的形成，“华”文化的社会认同，“龙的传人”观念生成，这些都是与夏代进入青铜时代分不开的。青铜时代的到来，是农业文明、华夏文明、龙文明到来的物质基石。

王进锋

华东师范大学历史系副教授，历史学博士，主要从事出土文献与先秦史研究。曾先后在美国达慕思大学（Dartmouth College）、德国埃朗根—纽伦堡大学（Friedrich-Alexander-Universität Erlangen-Nürnberg）研习。在《考古》、《考古与文物》、《历史地理》、《中国历史地理论丛》、《史学史研究》、《民俗研究》、《中国音乐》、《社会科学战线》等刊物上发表学术论文50多篇。

商代的中外交流

依照夏商周断代工程专家们的研究，商朝建立和灭亡的时间分别为公元前1600年和公元前1046年。[①] 商朝的时候，在今天的中国境内生活着很多不同的族群，他们之间有着一定的联系。同时，他们也和今天中国境外的一些国家和族群发生着交往。

之前学者对于商朝中外交流的研究成果，散见于两类论著中。第一类是研究中外交流、中外交通的通史性论著[②]，第二类是专门研

---

① 夏商周断代工程专家组：《夏商周断代工程1996—2000年阶段成果报告·简本》，世界图书出版公司北京公司2000年版。

② 如张国刚、吴苇莉：《中西文化关系史》，高等教育出版社2006年版。沈福伟：《中西文化交流史》，上海人民出版社1985年版。陈尚胜：《五千年中外文化交流史》（第一卷），世界知识出版社2002年版。张广达、王小甫：《天涯若比邻——中外文化交流史略》，中华书局（香港）有限公司1988年版。林梅村：《古道西风——考古新发现所见中西文化交流》，生活·读书·新知三联书店2000年版。

究中国与某个国家或地区交往的论著[①]。然而，目前还没有见到全面研究殷商时期中外交往的学术论著。另外，一些学者运用自然科学的测定方法来检测先秦时期文物，能科学揭示出制造文物的矿物原料的来源。[②]这实际上为研究商代的中外交往提供了新的论证材料。

一、与西北、北部地区以外族群的交往

新疆昌吉回族自治州呼图壁县西南约75公里，有一处地方，当地人称为“康家石门子”。1987年，新疆考古工作者在此发现了一处反映古代生殖崇拜的巨幅岩画。

整幅岩画最下部距地面有2.5米以上，最上部距离地面有10米。东西长14米，上下高9米，总面积达120多平方米。在这片岩

① 如季羡林：《中印文化交流史》，中国社会科学出版社2008年版。张世响：《日本对中国文化的接受——从绳文时代后期到平安时代前期》，山东大学2006年博士学位论文，指导教师：郑杰文教授。蔡凤书：《远古至秦汉时代的中日交流》，《文史哲》1992年第3期。安之敏：《江南文化和古代的日本》，《考古》1990年第4期。李学勤：《商代通向东南亚的道路》，《李学勤讲中国文明》，东方出版社2008年版。张弘：《先秦时期古蜀与东南亚、南亚的经济文化交流》，《中华文化论坛》2009年第1期。房仲甫：《殷人航渡美洲再探》，《世界历史》1983年第3期。

② 如干福熹在《玻璃与玉石之路——兼论先秦前硅酸盐文物的中、外文化和技术交流》(《广西民族大学学报》2009年第4期)一文中，运用质子激发X荧光技术(PIXE)无损分析了河南淅川徐家岭墓地和湖北随县擂鼓墩墓地出土的战国时期镶嵌玻璃珠，发现它们的化学成分与古埃及的蜻蜓珠玻璃相似。在《赣鄂豫地区商代青铜器和部分铜铅矿料来源的初探》(《自然科学史研究》1999年第3期)、《江西新干大洋洲商墓青铜器的铅同位素比值研究》(《考古》1994年第8期)、《广汉三星堆遗物坑青铜器的铅同位素比值研究》(《文物》1995年第2期)等论文中，研究者运用测定青铜器铅成分中四种同位素204Pb、206Pb、207Pb、208Pb的比值的方法，可以确定矿料成分的来源。

壁上，刻满了大小不等、形态各异的人物形象，其中大的高于真人，小的只有 10 至 20 厘米。人像有男有女，有站有卧，有穿着衣服的，也有裸露身体的。其中不少男性形象，生殖器刻画得特别突出，甚至表现了交媾的动作。下面是很多小人的形象。整幅岩画表达了人们希望祈求生殖、繁衍人口的愿望。专家将整幅岩画划分为Ⅰ到Ⅸ九组。①

其中第Ⅰ组岩画位于岩壁的最上方。共刻画了 10 个人物形象，9 女 1 男。其中 9 个女子从右往左，逐渐缩小，每 3 人之间有一组对马图形；1 名男子处在最左端，作斜卧状，还特别刻画了勃起的生殖器，指向女性，根部有图像表现睾丸。这是一幅关于生殖崇拜的岩画（见图 1）。其间的对马形象可作为判断岩画时代的依据。

对马形象也见于内蒙古阴山地区的岩画，共有五组，分别位于阴山北麓乌拉特中期西南部海勒斯太沟、阴山南麓五原县韩乌拉山、

图 1　康家石门子岩画第Ⅰ组画面

① 王炳华：《新疆天山生殖崇拜岩画初探》，《丝绸之路考古研究》，新疆人民出版社 2009 年版。

内蒙古磴口县北阿贵庙以北黄河西岸的托林沟北山。[①]

与之相联系的是商代的彝器铭文。商代的青铜器铭文中有如下内容：

铭文	出处	器名	时代
	《商代青铜器铭文分期断代研究》[②]（以下简称《商器》）第1856号	𩦴父乙尊	殷墟四期
	《商器》1633	𩦴父丁卣	殷墟四期
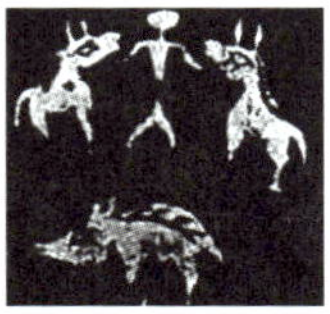	《商器》1857	𩦴父乙尊	殷墟四期
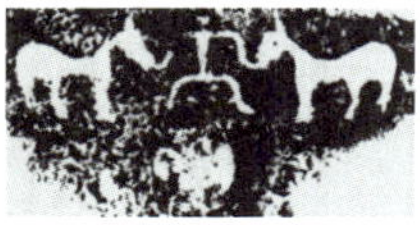	《商器》1250	𩦴父乙簋	殷墟四期
	《商器》4579	亚次𩦴斝	殷墟三期
这类铭文，有的时候也作：			
	《商器》0835	𩦴父辛鼎	殷墟四期

商周时期的铜器铭文中，有一类特殊的图像文字，是由两个乃

① 盖山林：《阴山岩画》，文物出版社1986年版。
② 严志斌：《商代青铜器铭文分期断代研究》，社会科学文献出版2014年版。

至两个以上的族氏名号构成的，通常称为复合氏名。以上皆为复合氏名。

商代的铜器铭文中有“豙”族（《商器》1222、3136、3137、3138），所以可知以上铭文中的对马形是族名，上面的复合氏名是由“豙”与“马马”族构成的。

商代铜器铭文中还有如下的复合氏名：

铭文	出处	器名	时代
	《商器》1269	庚父乙马豙马簋	殷墟四期
	《商器》0848	马羙马父乙鼎	殷墟四期

根据“马豙马”的例子，此处的两个复合氏名应是有豕族、羙族与马马族的族氏名号复合形成的。

新疆、内蒙古岩画中的对马形象与商代铜器铭文中的“马马”相似，三者之间应当有联系。有学者因而根据商代铜器铭文的时代，来推定新疆和内蒙古岩画的时代，在公元前1400年至公元前1100年。[①] 可信。

另外，从以上铜器铭文中可以知道，马马族和豙族、豕族、羙族之间发生了联系。

伊朗西部扎格罗斯山地的卢里斯坦自20世纪20年代起，陆续发现了大量具有浓郁游牧民族文化特色的青铜器，包括车饰、马具、

① 林梅村：《古道西风——考古新发现所见中西文化交流》，生活·读书·新知三联书店2000年版，第22—24页。

武器、工具、礼器、神像等。其中有很多的通牌饰上有对马形象[①]，与新疆岩画相似。

以上说明，在晚商时期，中原地区与内蒙古、新疆，乃至今天的伊朗地区已经发生了一定的联系。

俄罗斯南西伯利亚地区有一处年代在公元前1800年至公元前1300年的考古学遗址——格拉兹科沃文化，是贝加尔湖沿岸早期的青铜文化。在这处遗迹的墓葬中，出土有白玉环。上面有数圈同心圆刻线和“马蹄眼”（穿孔外大里小），与中国的商代玉器形制相同。[②] 另外，考古人员在俄罗斯伏尔加地区的塞伊姆文化发现了青铜矛、柄端装饰有野马的刀、空銎斧和白玉指环，和安阳地区出土的同类器物的外形非常相似。还有，俄罗斯叶尼塞河流域的卡拉索克文化遗址中出土了一些青铜小刀和弓形器，形制与安阳地区的发掘品很相似。

关于这些器物之间相互影响的关系，苏联考古学者C.B. 吉谢列夫认为是：在公元前1600至公元前1300年，塞伊姆文化向东发展，传播到中国境内，一定程度上影响到安阳器物的发展。安阳地区青铜器制作技术提高后，青铜器的质量很高，又反过来影响到当时的俄罗斯境内。[③] 可见，在商代的时候，人们和身处今天俄罗斯境内的族群之间发生了相互影响。

---

① 转引自王炳华：《新疆天山生殖崇拜岩画初探》，《丝绸之路考古研究》，新疆人民出版社2009年版，第306—307页。

② 张广达、王小甫：《天涯若比邻——中外文化交流史略》，中华书局（香港）有限公司1988年版，第10—11页。

③ C.B. 吉谢列夫：《苏联境内青铜文化与中国商文化的关系》，《C.B. 吉谢列夫通讯院士在北京所作的学术报告》（阮西湖口译），《考古》1960年第2期。

中国北部地区在青铜时代所使用的青铜器通常被称为北方系青铜器。中国北方系青铜器不同于中原地区青铜器，也不同于东北地区和新疆地区的青铜器，它们有着自己的共同特征。这些特征是来自不同起源的文化在这一区域地带相互影响和交融的结果。① 中国北方系青铜器在商代后期的时候分布区域十分广泛，最南面已分布到渭河流域和豫北的殷墟文化和先周文化的领域之内；东面分布到辽东沿海；北面已经远远超出了今天中国的国界，达到了蒙古、外贝加尔、土瓦、米奴辛斯克盆地、克拉斯诺雅尔斯克地区、阿尔泰；西面在吉尔吉斯草原、鄂毕河中游，直到黑海沿岸也有零星发现，在伊朗高原的古代青铜器中也有相似的标本。② 说明这个广泛的区域在那个时期有着广泛的交流。

商代的很多考古遗址中都出土了金器，其中有三个区域最为显著：一是安阳殷都大型墓葬出土的金箔片，用作铜、木、漆、玉石等器物的装饰；二是四川三星堆遗址出土的青铜人面像上的金面具；三是中国北方系青铜文化中出土的耳环、手镯、发簪等饰件。③ 特别是其中两头扁的手镯很引人注目。然而这种手镯在蒙古、外贝加尔地区的格拉兹科沃文化中也有发现。④ 这说明北方系青铜文化与北部地区以外的国家有一定的联系和交流。⑤

① 林沄：《夏代的中国北方系青铜器》，《边疆考古研究》2001 年第 1 辑。
② 林沄：《商文化青铜器与北方地区青铜器关系之再研究》，《林沄学术文集》，中国大百科全书出版社 1998 年版，第 266—267 页。
③ 齐东方：《中国早期金银器研究》，《华夏考古》1999 年第 4 期。
④ 冯恩学：《俄国东西伯利亚与远东考古》，吉林大学出版社 2002 年版。
⑤ 马健：《黄金制品所见中亚草原与中国早期文化交流》，《西域研究》2009 年第 3 期。

二、与身处今天日本地区族群的交往

20世纪50年代，考古人员在日本东北地区的山形县饱海郡游佐町三崎山绳纹文化晚期遗址中，发掘了一把青铜刀。[①] 这把刀与河南安阳殷墟遗址出土的大批青铜刀相似，只是日本的青铜刀的尾部的环有部分残缺。所以这把刀可能来自中国。另外，商代的拔牙、鸟崇拜、支石墓的习俗可能也影响到了日本。[②]

日本的220多处绳纹文化遗址中都出土过环形石器，仅长野一个县就发现60多个出土地点[③]。这些石器的使用时间从公元前5000年一直到公元前后的弥生文化中期，持续了5000多年。中国东北的辽宁省和吉林省也出土了类似的环状石器，使用时间大约从公元前2000年到公元前后。[④] 另外，从朝鲜半岛也发现了环状石器，年代比中国的早。可以推知，这种石器是从日本经由朝鲜半岛传入中国的。[⑤]

有学者根据确凿的出土文物，指出日本从绳纹时代的中期后半叶（公元前2500年前后）开始，和中国内地的交流日渐频繁起来。但是，早期（公元前2500至公元前500年）的中日交流和后来不一

---

① 《日本の考古学》Ⅱ卷，河出书房1964年版。

② 张世响：《日本对中国文化的接受——从绳文时代后期到平安时代前期》，山东大学2006年博士学位论文，指导教师：郑杰文教授，第29页。

③ ［日］日下部善己：《环状石斧》，《绳文文化の研究》Ⅶ卷，雄山阁1983年。

④ 白云翔：《我国发现的环刃石器及其相关问题》，《考古》1986年第6期。

⑤ 蔡凤书：《古代中日文化交流的考古学视角》，《东方文化集刊Ⅰ》，商务印书馆1989年版。

样，呈现出时断时续的特征，并没有形成固定、持续的交流[①]。商朝处在这个时期内，当时的中日之间当然有交流。

日本学者梅原末治说："在畿内的大和国发掘的铜铎形状颇与先秦时代的古钟类似，近年在朝鲜庆尚北道庆州入室里，发现了四寸左右的小铜铎及蒲口缘细文镜与大正七年（1918）在大和国葛城郡吐田乡发掘的遗物，事实上非常酷似，而且制作技术均受了支那（中国）文化的影响。大概是先传到辰韩，然后再传到日本的吧。"[②] 如果确实是这样，那么商代中日交流的一条重要路径就是通过朝鲜，再到日本。

三、与美洲的交往

在墨西哥塔巴斯科的毕尔霍摩萨，有一个叫拉文达公园（La Venta Park，Villahermosa，Tabasco）的地方。考古人员在此发现了一处奥尔梅克文化遗址。其中的拉文达 4 号遗址出土了一组 16 位小玉人和 6 根玉圭。这些文物原件现保存在墨西哥城的国家人类学博物馆（National Museum of Anthropology），而拉文达公园展出了还原为原来摆放位置的复制品。玉人背后的最左边的是 6 号玉圭，左边第二根是 5 号玉圭。5 号玉圭上刻有 7 个以直线和稍弯的斜线构成的文字，6 号玉圭上刻有 2 个文字。这些文字与中国河南安阳殷墟出土的商代甲骨文相似。学者根据商朝殷墟甲骨文的文例，将 5 号和

---

① 蔡凤书：《古代中国和日本交流在文物上的证据》，《考古学研究》（七），科学出版社 2008 年版。蔡凤书：《远古至秦汉时代的中日交流》，《文史哲》1992 年第 3 期。

② 转引自王辑五：《日支（中）交通史》，立命馆出版部昭和 16 年（1941）版。

6号玉圭上的刻字分别释读为：

十示二，入三，一报。

小示。

根据中国殷墟甲骨文的含义，“十示二”指12代祖先，“入三”指3个新进入的祖先，“一报”指最尊贵的祖先。“小示”是指旁系的祖先。这种含义与玉圭前面16个玉人的站位十分契合，其中12位墨绿色的玉人是指12代祖先，背靠玉圭面朝诸多玉人的1个红色玉人是1位最尊贵的祖先，5、6号玉圭旁3个白色玉人是3个新进入的祖先。[①]这说明这些文字确实是商朝的甲骨文。而且，这些玉人与中国出土的商朝玉人十分相像，说明当时的墨西哥生活着一群与商人相像的人群。

另外，墨西哥的毕尔霍摩萨市立博物馆（Villahermosa Museum）收藏大量奥尔梅克文物，其中有一件石磬。这是一件敲击乐器，形状与中国出土的石磬基本一致。这件石磬上还刻有一横行和一竖列共8个文字，其中横行有4个字，竖列也有4个字。按照殷墟甲骨文可以读通这些文字，即“戊，尹入三”和“石三磬用”。大意分别为：在戊这天，尹进贡了三块石；这三块石被当作磬来用。可见，这些石磬是尹进贡来的。这与中国商代石器上往往记录进贡者的习惯是相同的。

另外，奥尔梅克文化也出土了很多石雕人像。这些人像与现代中国人的相貌十分相似。

商代人的坐法主要是跽坐、蹲居和箕踞。所谓跽坐，就是双膝

① 范毓周：《殷人东渡美洲新证》，《寻根》2011年第2期。

并拢着地、双足在后、臀部坐在脚跟上。这种坐法类似于“跪”。但是，二者有差别，跽坐时臀部坐在脚跟上，而跪则是腰部直起，臀部不挨脚跟。蹲居的坐法，清代学者段玉裁指出是“足底着地，而下其臀，耸其膝曰蹲”。① 所以，蹲居就是屈膝，脚掌着地，而臀部不着地。箕踞，段玉裁解释说“臀着席而伸其脚于前，是曰箕踞”。具体来说，箕踞的坐法又分为两种，一是臀部坐在席上，双膝在身前屈起，足底着地，双手后撑；一是双膝平放，两腿前伸分开，形如簸箕。② 商人在日常生活中就采用这三种坐法。1935 年考古工作者在殷墟进行发掘，从编号为 1004 号和 1217 号的大墓的翻葬坑中，挖出了一件大理石圆雕人像。这件石像残缺了头部和右半身，但从存有的左半部分来看，正呈跽坐状态。③1976 年发掘的殷墟妇好墓是一座保存完好的商王室墓葬，墓主人是商王武丁的妻子妇好。这座墓中出土了多件玉人和石人，其中编号为 371、372、375 的圆雕玉人，376 的圆雕石人，377 的圆雕孔雀石妇人都呈跽坐状。④1975 年，相关人员从西安市大白杨废品回收库征集了一件提梁卣，现藏于西安文物保护考古所。此卣作裸女形。头部略呈圆形，口、眼内凹，耳为中空半环形，一耳残缺，鼻为三角形。双乳凸起，性器明显。双手五指纤细，扶在腿上，双脚极小。后被铸有一大饕餮面。它应是商代器物。这件裸女卣整体呈跽坐状。⑤

① 《说文解字注》“居”字条。

② 李济：《跪坐、蹲居与箕踞》，《李济考古学论文集》，文物出版社 1990 年版。

③ 梁思永、高去寻：《侯家庄第五本·1004 号大墓》，“中央”研究院历史语言研究所 1970 年版，第 41 页。

④ 中国社会科学院考古研究所：《殷墟妇好墓》，文物出版社 1985 年版。

⑤ 西安市文物保护考古所：《西安文物精华·青铜器》，世界图书出版公司 2005 年版，第 88 页。

以上拉文达文化石雕神人像和儿童雕像的坐法正是箕踞。类似的坐法也见于以下的墨西哥奥尔梅克文化石人。这些石人的坐法与上古中国的踞坐是相同的。

从以上可以看出，商代的文化对墨西哥产生了不小的影响。那么，这种影响是怎么发生的？奥尔梅克遗址的时代在公元前900年，而商代灭亡的时代是在公元前1046年。专家说奥尔梅克文化是商朝灭亡后逃亡到北美洲的殷王室后裔发展起来的。① 这种观点是有道理的。

商代的船运能力为商王室向墨西哥的东逃提供了可能。商代的船只已经具备运输大量民众和物资的能力。

商王南庚的时候，将都城迁移到了黄河以南的奄，位于兖州曲阜县奄里。盘庚即位后，又带领商人迁徙到了黄河以北的殷，位于河南安阳市西北五里的小屯一带。《尚书·盘庚中》记载此事为“盘庚作，惟涉河以民迁”。依此看来，盘庚和商人是通过船只类的交通工具渡过黄河的。

考察此时渡河的人数有利于我们认识商代的船运能力。当时被迁徙的商人是居住于都城里的民众。他们的具体人数现在无法确知，但是我们可以根据文献记载的商代诸侯国都城人口数量，以及一些殷商城市考古遗址所显现的人口规模来推测。

商代末年，周国国君西伯姬昌曾经“不遑暇食，用咸和万民”②，可见，此时周国都城的人口在万人以上。《礼记·王制》说“凡居民，量地以制邑，度地以居民，地、邑、民居，必参相得也”，凡是安置民众，必须根据土地的广狭来确定修建城邑的大小，根据土地

① 房仲甫：《殷人航渡美洲再探》，《世界历史》1983年第3期。
② 《尚书·无逸》。

的面积来决定安置民众的多少，要使土地大小、城邑规模和民众数量，三者相称。《管子·八观》道“国城大而田野浅狭者，其野不足以养其民，城域大而人民寡者，其民不足以守其城”，国家的城市大田地小，田地就不能供养百姓，城市大而百姓少，百姓就不能守卫城市。据之可以看出上古时期的城市规模和人口数量是相当的。

关于上古城市单位面积里所居住人口的数量，《战国策·赵策》有记载，“古者四海之内分为万国，城虽大，无过三百丈者；人虽多，无过三千家者”。古代的一丈是十尺，一尺相当于现在的0.23米，那么300丈就是690米。边长为690米的城市的面积则为476100平方米。在这么大的城市里居住3000家，那么每户大约占地159平方米。

考古上发掘了几座商代城市的遗址，它们的规模也被探明。四川广汉三星堆是商代早期偏晚的古城，可能是古蜀国都城所在。这座古城东西长1600至2100米，南北宽1400米，城区总面积大约在245万平方米。按照每159平米居住一户人家，当时这座城市大约居住了15400多户人家。以每户5口人计算，这个城市的总人口大约在77000人。考古人员在山西垣曲发掘了一座商代中期的城址，可能是商代一个方国的都城所在。它的面积在12.5万平方米。以同样的方法计算，这个城市当时的人口在3930人以上。

根据以上各个城市人口数量，宋镇豪先生对商代城市人口的平均数进行了估算，他认为商代每个城市人口平均在2.1万人左右。①

盘庚迁殷时，横渡黄河的商人数量应当也在2.1万左右。如此多的人口都通过船运从黄河以南到了黄河以北。当时船只之大以及

① 宋镇豪：《夏商人口初探》，《历史研究》1991年第4期。

承载人数之众可想而知。

商代船只的运载能力被以下史实再度证明。商代末年，纣王统治无道，杀害了忠诚谏诤的比干，囚禁了箕子，还迫使一些商朝官员逃奔到周国。周武王看到这种情形，认为灭商的时机已经成熟，于是团结多方诸侯，率领军队从周的都城宗周出发向商朝的首都前进，攻打商朝。根据《史记·周本纪》记载，当时军队由战车 300 辆、像虎贲一样勇猛的战士 3000 人、穿戴甲胄的战士 45000 人构成。

考古人员在商代的考古遗迹中发现了不少马车，成为我们认识殷商战车形制的依据。1959 年 7 月，位于殷墟西区的一座车马坑被发掘，内埋有 1 辆车、2 匹马，车厢内随葬铜弓形器。1966 年春天，考古人员在殷墟大司空村发掘了一座车马坑，长 3.4 米，宽 3.15 米，深 0.65 米，埋了 1 辆车、2 匹马、1 个人，而且车厢内还随葬了铜戈、箭镞、弓形器、兽头刀等武器。2005 年，考古工作者在殷墟西部边缘的安钢集团厂区发掘了一座大型车马坑，长 20 米、宽 3.6 米、深 2.5 米，内葬有 5 辆商代马车，每辆车前有 2 匹马，其中一些车厢内还发现了青铜短剑和箭镞。[①] 根据随葬的武器判断，这些马车都是战车。它们主要是木质结构，两轮较大；车前方由独辕牵引；衡有直形和弯形两种，在衡两端缚轭，用来驾马；车厢为方形，车厢的门大都开在后面。根据相关的资料，学者对商代的战车进行了复原。

从以上三处考古遗迹和复原图可以看出，商代的战车通常由两匹马拉。而且，商代的战车上通常配备三名士兵，其中一名士兵负责驾车，另外两名士兵在车厢内，居右者为执戈的武士，居左者为

① 《安阳日报》2005 年 5 月 25 日。

射手。[1] 还有，根据《司马法》，每辆战车还会配备72名步卒。参加灭商战争的周国联军的战车有300辆。这些车子应当普遍是2匹马拉的，那么就有600匹战马。再按照每辆车配备3名车上士兵和72名步卒计算，则共有22500人。这些人可能包括在45000甲士之中。加上3000虎贲猛士，则共有48000人。

当48000名将士、600匹战马和300辆战车行进到盟津时，被黄河阻挡。他们最终依靠船运渡过了黄河，并在甲子日打败了商朝的军队。[2] 可见商代末年时候船运能力已经能运输大批战车、战马，而且具备同时运输数万作战将士的能力。

有人会说，这些人众和辎重可能是在冬日黄河结冰时，从冰面上直接走过去的。还有人会说，他们应该像周文王迎接新婚妻子一样，通过"造舟为梁"[3]，架设浮桥的方式渡过黄河的。从历史事实来看，这两种可能皆不是。因为就在两年前，周武王曾经到东方阅兵，率领了八百多诸侯的联军，也在盟津渡过了黄河。在这次行动中，周国的重臣姜尚特地命令将士们聚集船只，那么当时的黄河并没有结冰。依照司马迁的描述，在渡河过程中，还有一条白鱼跳进了行驶中的周武王的船中，可见也不是架设浮桥渡河的。

在这次军事行动中，周武王认为时机还不成熟，于是班师回到了周国。那么，周武王率领的大军和大批的辎重来回两渡黄河。从史料上看不出周武王为船运之事担忧的信息，其背后应该是当时运输能力非常卓越，不构成困难。而且，这种船运能力还非常便利迅

---

① 芦金峰：《论殷商战车驾马及车兵配备》，《军事历史研究》2013年第3期。
② 见利簋铭文。
③《诗经·大雅·大明》。

捷，从而能让数万人轻易地渡过黄河，还能再回来。

商代的船只还有长途运输人员和物资的能力。

春秋时期楚国的大夫白公子张，曾引用商王武丁的故事来劝谏暴虐的楚灵王。根据白公子张的说法，武丁敬德慎行，和神明相通，他还“以入于河，自河徂亳”[①]，三年不言，思考治国和为君之道。这里的第一个“河”指河内；第二个“河”指黄河；“亳”是当时的商都，位于河南偃师西十四里。武丁到河内是为了向名士甘盘学习，此时他的父亲商王小乙还在世；后来小乙去世，武丁通过黄河的水运从河内赶到亳都，是为了继承王位。武丁从河内到亳都，是通过水路行进的。可见当时的商人有长途行船的能力。

殷墟妇好墓是商王武丁妻子的墓葬，保存完好。这座墓葬中出土了 6880 多枚货贝。这些贝大的长约 2.4 厘米，小的长约 1.5 厘米。经检测，它们分布于我国台湾、南海以及阿曼湾、南非的阿果阿湾等地。[②] 这些贝能进入河南安阳，应当经过长途的水路运输。

商代的青铜制造业非常发达，在晚商时期的都城殷墟出土了很多精美的青铜器。考古工作者还在殷墟发现了青铜器铸造作坊，可见当时此地能铸造青铜器。然而，商代的安阳并没有铜矿，铸造青铜器的铜原料必须来自外地。从考古发现来看，江西瑞昌铜岭的铜矿是当时重要的铜原料来源。那么，这个地方的铜原料怎么运输到商都殷墟呢？其中重要的运输方法就是水路运输。江西的古矿冶遗址处于大江边上，其水运路线大致有两种选择，一种是通过长江进入东海，再进入淮河，之后通过泗水、济水到达中原；一种是溯长

① 《国语·楚语上》。

② 中国社会科学院考古研究所：《殷墟妇好墓》，文物出版社 1980 年版。

江而上，进入汉水，再经过涢水、澴水或滠水北上，转陆路，抵达商都。①这两种选择都要经过长途的水路运输。

商代的船只也具备远海航行能力。

上文指出商代船能够运输大批人众和物资，那么船只一定不小。大型船只可以携带大量人员、食物和物资，从而可以使船上人员在江海之上生活多日。同时，商人在内河长途行船的能力也为远洋航行提供了经验。甲骨文的“凡”字作：

（《甲骨文合集》223）

（《甲骨文合集》709 正）

像船的风帆，应是“帆”的本字或初文。②象形字往往是对实物的模拟，商代的甲骨文“帆”字的出现，说明在商代甚至更早的现实生活中就有船上配帆的情况。商代的一些船只上配备帆，为船只的深海远航解决了行驶动力的问题。甲骨文中有一字作：

（《甲骨文合集》11477）

是“**洀**”字。它的字形像水中行驶两只船，说明在商代有两只甚至更多船只一起出行的现实场景。多只船只一起出行，可以起到相互

① 张兴照：《水上交通与商代文明》，《中国社会科学》2013 年第 6 期。
② 马叙伦：《说文解字六书疏证》，上海书店出版社 1985 年版。

照应，协同处理一些突发问题，从而能保证船上人员安全返航或顺利到达目的地。这些都为商代的远海航行准备了条件。

从一些事例来看，商人有远海航行的实际行动。《尚书大传·西伯戡黎》记载，周文王被商纣囚禁于羑里时，周国大臣散宜生设法营救，他到各地寻找奇珍异宝，其中在“江淮之浦”搜求到如车渠的大贝。他将这些物品献给商纣，纣甚喜，就把周文王释放了。车渠又名砗磲，是一种软体动物，分布于印度-西太平洋热带海洋，中国台湾、海南岛、西沙群岛以及其他南海岛屿均有分布。大砗磲的贝壳能达1米，重量250千克，肉可食用；壳大而美丽，略呈三角形，可制作器皿及装饰品。江淮之地的砗磲应当是当地人出海捕获来的。可见，晚商时期的人们已经具备远海捕捞海产品的能力。另外，在河南安阳殷墟发掘的动物骨骼中，有一大块鲸鱼肩胛骨，它的上缘长1米多，而且还有一些来自同一海中巨物的椎骨，[①] 这些可能也是商人进入远海捕捞而得来的。

殷商时期的船运能力为商人更远的航行提供了可能。

四、与东南亚的交往

东南亚，指亚洲东南地区，由中南半岛和马来群岛两大部分组成，包括今天的越南、老挝、柬埔寨、缅甸、泰国、马来西亚、新加坡、菲律宾、印度尼西亚、文莱、东帝汶等国家和地区。

商王武丁妻子妇好的墓葬中出土了几千件海螺和海贝。经鉴定，这些物品中有一件经过加工的阿拉伯绶贝。这种绶贝通常分布于我

① 李济：《安阳》，河北教育出版社2000年版，第202页。

国台湾、南海（广东省沿海、海南岛、西沙群岛，最北分布至福建东山）及日本、菲律宾、暹罗湾、安达曼群岛、锡兰、卡拉奇等地。还有6880多枚货贝，这种货贝分布于我国台湾、南海（为海南与西沙常见种）以及阿曼湾、南非的阿果阿湾等地。[①] 说明当时已经和今天中国的沿海一带乃至东南亚之间发生了联系。

1936年殷墟小屯村北YH127坑出土的17088片武丁时期的卜甲中，有一版特大的龟腹甲，即《殷墟文字乙编》4330、《殷墟文字丙编》184。其鳞板结构形态与常见的不同。经专家鉴定，认为这是产自马来半岛的Testudo emys。[②]《金璋所藏甲骨卜辞》554是一版龟腹甲残片，形态与常见的卜甲不合，经鉴定是一种Geochelone emys（棕褐巨龟），是一种分布于缅甸到印度尼西亚的大龟。[③]

另外，越南永富省的冯原（Phung Nguyen）和仁付（Xom Ren）曾出土4件牙璋，年代在公元前17世纪至公元前14世纪之间。[④] 形制的特点在内、身间有前后两道阑，阑中间有成组的细齿。它与商代二里岗出土的牙璋特别接近。[⑤] 由此可见，商代与今天的东南亚地区已经有着一定程度的文化交流。

① 中国社会科学院考古研究所：《殷墟妇好墓》，文物出版社1980年版，第220页。

② H.W.WU, *Notes on the Plastron of Testudo Emys Schl. and Müll. from the Ruins of Shang Dynasty at Anyang*,《中央研究院动植物研究所集刊》14卷116期，1943年。

③ 李学勤、齐文心、艾兰：《英国所藏甲骨集》下编上册，中华书局1991年版，第247—248页。

④ 李学勤：《海外访古续记》(十)，《文物天地》1994年第3期。

⑤ 李学勤：《试论牙璋及其文化背景》，《南中国及邻近地区古文化研究》，香港中文大学出版社1994年版。李学勤：《商代通向东南亚的道路》，《李学勤讲中国文明》，东方出版社2008年版。

五、与西南地区以外族群的交往

1975年，有学者在殷墟YH127坑出土的甲骨上发现有65片黏附有纺织品，据鉴定是“棉纤维类之纺织品”。[①] 饶宗颐认为这类纤维类纺织品“即土卢布，相当榜葛剌国所谓兜罗棉，此外武夷山船棺葬也出有棉花，证明身毒货物在殷代已有交流迹象”。[②]

1986年，考古人员在四川广汉三星堆发掘了一、二号祭祀坑。时代在商代中晚期。祭祀坑出土了很多海贝，这些海贝，大小大约是虎斑贝的三分之一，中间有齿形沟槽。它们不产于近海地区，更不产于江河湖泊，只产于印度洋深海水域。它们应该是从印度洋北部地区引入的，而且应该是古蜀人与印度地区直接进行经济文化交流的结果。[③]

三星堆一号祭祀坑出土了13支象牙，二号祭祀坑出土了60多支象牙。一号祭祀坑里还堆积着3立方米左右的较大型动物的骨渣，有可能是象骨。三星堆青铜大立人的立足青铜祭坛的中层，也是由4个大象头勾连而成。另外，距离三星堆不远的金沙遗址，时代处于商周时期。其中出土象牙重量竟然超过了1吨。专家指出这些象牙不是产自国内，而是来自印度。[④] 这些说明商代已经和印度产生了

---

① 张秉权：《小屯殷虚出土龟甲上所黏附的纺织品》，《中央研究院国际汉学会议论文集》，上册，1981年。

② 饶宗颐：《蜀布与Cīnapatta》，《梵学集》，上海古籍出版社1993年版。

③ 段渝：《中国西南地区海贝和象牙的来源》，《中国与周边国家关系研究》，中国书籍出版社2013年版。

④ 段渝：《中国西南地区海贝和象牙的来源》，《中国与周边国家关系研究》，中国书籍出版社2013年版。

联系。

四川的三星堆遗址是中国商代的文化遗存。这处遗址中出土了不少金面罩、金带和青铜雕像。这些青铜雕像与西亚雕像夸张的艺术风格十分接近，金带、金杖作为权力的象征也与西亚文明一致。所以，当时这个地区可能受到了来自西亚、中亚文明的影响。①

六、结语

在殷商时期，在今天的中国境外生活着不同的族群。当时，身处今天中国境内的人们和他们之间有着广泛的交往。

在西北部和北部地区，今天中国境内的人们和今天伊朗境内的人群发生了联系，也和今天俄罗斯境内的族群发生了文化交流。在东北部地区，当时中国境内的文化也传到了今天的日本地区。

商朝灭亡的时候，有一部分商人贵族逃跑到了今天的墨西哥境内。所以，他们的文字和习俗和商人有很多相似的地方。而商代强大的船运能力为殷商贵族的逃亡提供了可能。殷墟地区出土的很多物品，经过检测是来自今天的东南亚地区，而商人的牙璋也影响到该地区。另外，商人使用的很多物品是来自今天的印度、西亚和中亚地区，说明当时的西南地区也和国外的族群存在着交往。

商人的这种广泛交往是自身发展的客观需要，同时也为我们今天的国际交往和研究提供了借鉴和参考。

① 霍巍：《广汉三星堆青铜文化与古代西亚文明》，《西南考古与中华文明》，巴蜀书社2011年版。

黄爱梅

历史学博士，现为华东师范大学历史系副教授，主要从事先秦秦汉史研究。主持国家社科项目“吴越地区早期政治形态演进研究”、浙江省重点社科项目“先秦秦汉江南城市研究”，出版《西周史》(“细讲中国历史”丛书)、《器之藏——考古学视野下的中华上古文明》(合著)等论著，发表《西周金文诸侯称王现象辨析》、《西周中晚期君臣体系的变化及其对王权的影响》、《先秦秦汉时期“江南”概念的考察》、《西周分封制度概说》等论文多篇。

西周的政治遗产

所谓遗产，从法律上定义，就是死者留下的可供继承的合法财产。而宽泛地说，前人所留下的物质或精神，都算在此类。对待前人留下来的东西，我们会有各种态度，一是看有用没用？有用就留下，没用就扔掉；一是问它们是什么，从哪儿来？为什么会这样？当我们回顾前人创造这些物质和精神财富的历程，一方面会如同钱穆先生所说的那样，油然生出对前人奋斗精神与智慧的“同情的理解”；另一方面，也会启发我们对现实产生更多的思考。

西周时代距离我们现在非常的遥远，但这个遥远的时代，它所留下来的政治制度和政治文化，可以说奠定和塑造了中华传统政治文明的基本底色。当年孔子说“周监二代，郁郁乎文哉，吾从周”，他将西周与夏、商二代的文化进行对比，发现西周学习、继承和发扬了夏、商的文化，而且更加繁盛、充实、完备，因此虽然孔子是殷商遗民的后代，仍然从善如流，以传承和发扬周文化为己任。他在周游列国期间，曾于匡地被困，说了一句很著名的话："周文王死了以后，周代的文化不都体现在我身上吗？上天如果想要消灭这种文化，那我就不可能掌握它；上天没有消灭周文化，那么，匡人又能把我怎么样呢？"（"文王既没，文不在兹乎？天之将丧斯文也，后死者不得与于斯文也；天之未丧斯文也，匡人其如予何！"）孔子在危急时刻，以舍我其谁的勇敢承担起来的，正是继承和传播周文化的历史重任。

今天与大家一起讨论西周的政治遗产，主要集中在两个内容："封建"和"革命"。这两个关键词，古今含义不同。"封建"，是与西周统治有关的策略和方式，是周代在统治模式上的突破。而"革命"，关乎西周王朝国家的统治合法性，是周人在意识形态理论上的突破。

这两个西周时期的"突破"，都针对西周初期周人亟待解决的现实问题而发。

公元前1046年，周武王带着三百战车、三千敢死队（虎贲）、四万五千穿甲的战士，以及众多诸侯的盟军，渡过黄河上的渡口——孟津，来到商都城朝歌的郊外——"牧野"。《史记》上说，商纣王集合了70万大军进行抵抗。

敌我双方的实力对比是非常悬殊的，但牧野之战却进展得极其顺利。《史记·周本纪》说："纣师虽众，皆无战之心，心欲武王亟入。纣师皆倒兵以战，以开武王。武王驰之，纣兵皆崩畔纣。"商王的军队无心迎战，武王顺利进军。还有一种讲法，据《逸周书·武成篇》记载："前徒倒戈，攻于后以北，血流漂杵。"意思是，商王前军倒戈，血流成河，长柄的兵器都能够漂起来；可知战斗十分惨烈。

不管哪种说法，有一个事实不可否认：这场可能很平静或者是很激烈的战斗，在一天之内就结束了。1976 年出土于陕西临潼县零口镇的利簋，又名“武王征商簋”，铭文清楚地记载，甲子日清晨武王到达牧野，晚上就拿下了都城（“武王征商，唯甲子朝，岁鼎，克昏夙有商”）。

这是一场令人鼓舞的、了不起的胜利。可是，周人感到十分困惑。这是为什么？

图 1　利簋铭文

周人原先是商王的属国，根据甲骨文的记载，商在最强盛的武丁时期，收服了周国。商王武乙曾经赏赐周文王的父亲季历以土地和宝物，商王文丁也赐予季历“牧师”的名号。而在周人的根据地今陕西省岐山、扶风县周原一带，1977 年考古工作者在岐山凤雏村一座西周建筑遗址的窖穴内发现了周原甲骨，其上记载了周人对商王的祭祀。而从西周灭商之前周人制造和使用的青铜器来看，器型、纹饰、制造工艺等，也首先是接受了商代青铜器的影响。这些事实都证明，周曾经作为商王属国，接受商的统治，并深受商文化的影响。

吊诡的是，曾经强大的商王朝，现在被属国周灭亡了。《史记》上说，伯夷、叔齐是上古时候非常著名的贤人，在周文王姬昌未称王之前，因为姬昌行仁德，他们不远万里，从遥远的孤竹国前来投奔。但伯夷、叔齐坚决反对周人伐商，他们曾经拦住周武王的车驾，说“您是商王的臣子，怎能做此等大逆不道之事”。武王当然没有听他们的。等到周获得天下，伯夷、叔齐决定“不食周粟”，采薇以果腹，最后饿死在首阳山。像伯夷、叔齐这样的仁贤之士，居然也会反对“武王克商”，这说明周人的行动并没有得到了当时全体诸侯的一致支持。因此，牧野之战尽管获得了胜利，但还必须要去说服原先商王统治下的其他诸侯。

另外一方面，商人宗教以祖先神明的强大，来作为商人受到上天眷顾、统治万民的理由。周人作为原先商的属国，也接受这样的理念。可是牧野之战，实力如此悬殊，战争的结果却令周人也出乎意料。《尚书·多士》记载周公曾“告商王士”，说：“并不是我小国周敢取殷商的天命啊！”（“非我小国敢弋殷命！”）那到底是为什么，周人竟然会取得如此辉煌的战果呢？周人不仅要说服诸侯，也要说服自己，否则的话，好像自己拿到这个权力也很不自信。这是周初周人面临的第一个困境。

第二个困境，周克商之后没两年，武王去世。继位的成王年纪很轻，所以武王的弟弟周公摄政辅国。武王兄弟不少，克商之后，就把自己的兄弟管叔、蔡叔和霍叔，封在朝歌附近，对原先的殷商遗民进行监督。武王死后，管叔和蔡叔对周公摄政极为不满，于是散布流言，说周公将对成王不利。商纣王的儿子武庚禄父也趁机造反，甚至于在周人的根据地周原地区，也有贵族蠢蠢欲动。

周初局势极不稳定，武王刚刚灭商，不到两年，这就又到了覆亡的边缘。好在成王与周公、召公等君臣一心，反应迅速，先杀管叔和蔡叔，紧接开始平叛。平叛的行动持续了三年，消灭了北逃的武庚禄父，而且趁机向东扫荡，把原先追随商王的东夷，也一个一个地征服了。

等到这个时候，又出现了一个新的问题。周人面临着一个他们从未控制过的“大地域”。之前，武王刚拿下朝歌，大概在几天之内就征服了不少诸侯。但因为是几天内获得的战果，所以可以推知，武王时期所进行的征伐，往东也就仅仅推进到今天河南东部地区。等到周公、成王平叛成功之后，周人把他们的控制范围，进一步推展到了山东的海滨，北抵燕山，南达江淮，西至六盘山。如此广袤的地域，如何进行有效管理？周人在此之前，并没有很好的实践经验。而“封建”就是周人用以解决这个大地域统治难题的具体策略和方式。

我们现代语汇中所讲的“封建社会”，是以“封建”来概括一种历史社会形态。但事实上，“封建”作为古汉语中的词语，指的是“封邦建国”，最早就用来说明西周时期大地域管理的具体模式；秦汉以后，大地域管理的具体模式则演变成为了“郡县”。

“封建”这个词，最早出现在《左传·僖公二十四年》：“昔周公吊二叔之不咸，故封建亲戚以藩屏周。”说的是周公看到管、蔡二叔不德，于是采取了分封亲戚的方式来保卫周王室。也就是说，西周的封建，是天子将王室亲戚或功臣派往外地建立邦国，通过建立起王室与地方诸侯的统属关系，来达到藩屏王室、帮助王室统治天下的目的。这一形式，在有周一代一直实行，但规模最大的诸侯，则是在成王和康王时期分封的。

这一批新封的诸侯，主体是周王室的后裔、近亲或姻亲，是与周王室关系最为亲近的“自己人”。据《左传·僖公二十四年》记载，周代分封的对象中，管、蔡、郕、霍、鲁、卫、毛、聃、郜、雍、曹、滕、毕、原、酆、郇等，是文王的儿子；邘、晋、应、韩，是武王的儿子；凡、蒋、邢、茅、胙、祭，是周公的儿子，等等。据说周人分封了七十一个新国，其中姬姓之国有五十三个，“周之子孙，苟不狂惑者，莫不为天下之显诸侯”(《荀子·儒效篇》)。此外，燕国的受封者，是为平叛管蔡之乱立下汗马功劳的召公，他是周王的同姓；齐国，分封的是跟随武王伐商的姜尚父（姜太公）；而姬与姜这两支人群，又存在长期联姻的关系。可以看到，周王分封的即使不是亲戚，也是功臣与姻亲之国。加上新诸侯要在新环境中生存下去，还必须依靠周王室这个坚强有力的后盾。这些都大大加强了新诸侯的向心力与周王室的凝聚力。

有学者认为，早在商代已出现分封制的雏形，比如甲骨文中显示，商王的儿子们——“子某”，常常分布在今天河南西北的商王田猎区之内；而非子某的诸侯，则主要分布在商王朝疆域的西北。尽管如此，周人的分封，比起商代，还是要显得更为主动和积极。周王分封自己的宗室姻亲，让他们封邦建国。新诸侯与旧邦国最大的区别，就是他们与周王之间、彼此之间，存在真实的血缘或姻亲关系。我们今天还说“上阵父子兵，打虎亲兄弟”，觉得血缘这个东西是最紧密的，最可靠的。正是借助彼此间的血缘联系及现实利益的需求，周天子与受封的诸侯们得以有效联接并相互策应。周王朝采用这种“掺沙子”、“播种子”的办法，依靠新诸侯在各地扩大自己征服的力度，建立起“天下国家”的统治秩序。

这些新诸侯从此以其国名作为氏名，周人的分封实际上还具有分氏的性质。不仅分氏，同时也分权、分财、分民。而且这个模式，被诸侯们复制，在诸侯国内继续对他的子弟也进行分封；而在诸侯国为卿、为大夫的贵族们，也按照这个模式，在他们自己的家族内部进一步分配：土地、财产、人民，等等。这就是《左传》上所说的“天子建国，诸侯立家，卿置侧室，大夫有贰宗，士有隶子弟”。

从这里我们看得很清楚，西周的这个封建，实际上跟宗法是互为表里的两块。一方面是将周王的宗室子弟派到各地为诸侯，加强王朝的统治力度；另一方面，则是周族的血缘集团不断扩张、分裂的结果。可见，西周时期为什么会以“封建”来统治大地域，是与西周时期的宗法制度、宗法关系相联系的。

宗法关系，首先是宗族内部的等级原则。拥有共同祖先的后世子孙宗亲内部，依据与共同祖先血缘关系的远近，分化为“大宗”和“小宗”。大宗是先祖血统及政治地位的直接继承者，地位要高于小宗，其继承者叫宗子（宗族长），其地位要高于其他宗族成员。这种划分的核心，是嫡长子继承制。

根据《仪礼·丧服》，只有诸侯的嫡长子能够继承诸侯君位，其他儿子由于不是君位继承人，无法直接承继诸侯身份，需要自行另立新宗，以示与尊者的区别（“别子为祖”）。立为新宗的别子，作为新系统的开创者，他的神主会在宗庙中被永久供奉，而成为新宗之祖。这一支新宗，会由其嫡长子继承，这就是“继别为宗”。大宗为尊，“百世不迁”，小宗为卑，“五世则迁”，由此区分出社会统治阶层的各个成员与天子、诸侯的嫡庶、长幼、亲疏、尊卑关系。

照此原则，天子予诸侯封国，周王和诸侯封给卿大夫采邑，卿大夫在采邑安置自己的同族……宗法制度不仅是一种血亲关系，更是一种政治关系和管理秩序，与尊卑位分相应，伴随着大宗与小宗、宗子与宗族成员之间的权力和义务关系。每个贵族家族都有共同的姓氏，共同祖先和共同的宗庙、墓地、田土和居邑，客观上有利于贵族间化解矛盾和加强团结，进而达到全面巩固和维护周王室统治的目的。各宗族内部成员对宗族、对宗子，承担服从的义务；大宗和宗子，也要相应地维护本宗族成员的利益，承担起组织、管理、团结、照顾甚至支配族人的责任。为了宗族利益，宗子甚至可以决定宗族成员的生死存亡。

大宗对于小宗的庇护，金文中有很好的例证。2006 年 11 月陕西扶风五郡西村出土了两件铭文相同的琱生尊，它们与传世的另两件铜器——五年琱生簋、六年琱生簋的铭文一起，正好讲述了一个宗族协力保护自己族产的故事。整个事件的过程是这样的：五年正月己丑日，因为琱生（器主）有土田方面的讼事，向自己的大宗宗君请求协助。受宗君、妇氏的旨意，大宗嫡长子召伯虎开始协调处理此事。第二年（六年）四月甲子，召伯虎终于带来了好消息：经

图 2　西周六年琱生簋

图 3　西周六年琱生簋铭文

过他的努力，诉讼获得成功，琱生的田邑登录造册，得以保全。在这个事件中，召氏家族通力合作，目的在于保护宗族的财产。虽然只是宗族成员琱生发生了田产纠纷，但作为大宗宗君的君氏，有责任予以保护。

琱生尊 / 簋铭文中出现的召伯虎，就是宣王时赫赫有名的召穆公。《左传 · 僖公二十四年》记载，他有感于西周中期以来宗法关系的逐渐淡薄，曾召集宗族到成周，作诗告诫："兄弟阋于墙，外御其侮。"诗意是：即使兄弟们在家里争吵，但仍然一致对外抵御敌人的欺侮。如此重视兄弟之情、宗族之义，琱生簋铭文中他尽力为宗族事务奔走，就不难理解了。六年簋的铭文，两次记召伯虎向琱生说"余告庆！"召伯虎终于保护了整个召氏宗族利益的兴奋，跃然纸上。

西周王朝充分利用血缘亲族关系进行统治，不仅保留了大量的宗族集团，而且还以此作为统治的基础。在西周宗法制度下，父既是宗君又是尊长，君臣之义等于父子。血缘宗族集团与地缘政治相结合，这不能不说是西周政治的一大特点，也造成了中国古代政治文化的重要传统，为后世王朝所继承。后世王朝始终是一个“皇家”的天下，又如东汉后期出现的累世公卿，魏晋南北朝的世家大族，隋唐的关陇集团、官修氏族谱系，宋代地方宗族的重新构造……宗法制度催生了中国文化中以“家”为本位的社会伦理体系，要求每个人在家孝顺父母，在朝效忠君主。士人如何从“修身—齐家”到“治国—平天下”？就是因为有重血缘这样一个文化的底色，“家—国—天下”才能够发生关系，“修齐治平”这个修行的线索、步骤才有可能实现。

仅仅作为统治技术而言，西周的“封建”，对于后世如何解决“大地域”治理的问题，也是非常重要的一个政治遗产。虽然秦始皇统一六国之后，采用了新的“大地域”治理模式，也就是郡县制，并历代沿袭；我们还是看到，“封建”或言“分封”，仍然时时“回光返照”。

郡县制度下，皇帝派遣官员到郡或县去任职，郡县长官是皇帝的政策执行人，代表政府对地方进行直接控制。而西周“封建”制下，诸侯在自己的诸侯国、卿大夫在自己的采邑，都有很大的自主权，天子并不能全面干涉。

秦王嬴政在统一天下的时候，曾经跟群臣讨论过这件事：“现在天下一统，我应该采取什么样的方式进行统治呢？”他的大臣们，有的认为应该学习周朝，分封王室子弟到各地去，尤其是像齐国、楚国那些距离遥远的地方，由王室子弟去镇抚，就能够保证长治久安。

当时还是廷尉的李斯，则提出了反对的意见。秦始皇同意李斯的看法，认为“战国为什么有那么多战争，就是因为存在各国诸侯，现在既然天下统一了，就不应该再出现诸侯。推行郡县是合适的。”

秦朝推行郡县，并非一帆风顺。过了两年，在一次宴会上，博士淳于越提出：“作为统治者，应该向古代学习，现在非但不向古代学习，反而阿谀奉承，比如说郡县好，这是不对的。”这件事直接导致了秦始皇下焚书令。不过，秦始皇下令焚书的逻辑，并不是因为淳于越对于郡县制度的怀疑，而是要从根本上杜绝“人善其所私学，以非上所建立”这样一种诸子议政的风气。

秦朝推行了郡县制；等到西汉刘邦的时候，又开始进行分封。先是大封功臣，然后再一个一个予以翦灭。刘邦认为秦朝速亡，就是没有分封同姓宗亲的原因，于是又把自己刘家的兄弟、自己的儿子分封到各地，还与群臣歃血为盟（“白马之盟”），约定“非刘氏而王，天下共击之”。当时诸侯国与郡县并行，诸侯国的政治地位甚至高于郡。不仅如此，诸侯国还多封在经济发达的地区，人口众多，拥有军队，可以自行征税，自行铸币。结果等到文帝、景帝的时候，诸侯对于中央政府产生很大威胁。景帝决意“削藩”，分封在今天江淮地区的吴王刘濞就联合楚王、赵王、济南王等刘姓宗室诸侯王，以“清君侧”为名发动叛乱，这就是“七国之乱”。景帝花了很大力气进行平叛，终于把那些比较有势力的诸侯打压下去了。汉武帝的时候再实行“推恩令”，下令允许诸侯王将自己的封地分给子弟，使得诸侯国越分越小。汉武帝再趁机削弱其势力，这才从根本上解决了西汉诸侯尾大不掉的问题。

等到西晋的时候，司马氏好不容易取代了曹魏，建立了新的政权。但因为忌惮世家大族的势力，期望以宗室藩屏来保障政权，于是又大封同宗子弟为王。诸侯以郡为国，自行置吏、置军、收税，还可以参政，出任地方都督、刺史。结果晋武帝司马炎一死，继位的惠帝愚钝（就是问“何不食肉糜”的那位），贾后专权，诸侯之间开始相互攻伐，楚王、赵王、河间王等先后起兵、被杀，史称“八王之乱”。“八王之乱”一共延续了16年，西晋气数已尽。接下来五胡乱华，永嘉之乱中洛阳陷落，公元316年，西晋灭亡。可以说，“八王之乱”就是导致西晋灭亡最重要的原因。

唐代柳宗元写了一篇非常有名的散文《封建论》，里面讲到古代的“封建”，实际上不是什么圣人之意，而是局势逼迫，不得已而为之（“封建非圣人意也，势也”）。我们刚才回顾了西周的封建，西周为什么要分封宗室功臣？在那个时代、那种形势下，周人找不到其他的办法。所以柳宗元的理解，应该是说比较准确的。只是尽管早已有人认识到分封的局限性，但等到明朝的时候，还是再次出现了因分封而造成的政局纷乱。

为什么已有前车之鉴、惨痛的历史教训，这些王朝的统治者，还是把“封建”当做统治模式的一个选项？《礼记·礼运篇》说：“今大道既隐，天下为家，各亲其亲，各子其子”，把国家人民都当作君主的一己之私，既然是君主的“家产”，怎么能放心依靠外人来管理呢？结果尾大不掉，枝强干弱，一次又一次导致朝纲倾覆，生灵涂炭。

可是，明清之交的著名思想家顾炎武，在反省明朝灭亡的历史教训的时候，还是曾经提出这样的问题：能不能建立起一种新的制度，把“封建”和“郡县”的好处进行结合？因为郡县能够体现中央集权，能够贯彻中央政府的意图，实现中央对地方的直接统治。但是管得太死，地方就没有活力；而分封恰有这样的好处，能够给予地方充分自治的权力，给予地方分权。如何在地方实现中央集权和地方自治的平衡？直到今天，中国和西方都仍在这条道路上继续探索。

“封建”作为一种大地域的统治模式，对后世还造成了什么样的影响呢？

周王有组织地分封到各地的宗亲功臣，并不是单枪匹马出发的。这些新诸侯来到新领地进行开拓和发展，带着族人、军队及周王赐予的祝宗卜史，还有被分割的一小组殷商遗民。这是一支成分复杂的武装小分队。在这支队伍里，有诸侯自己的亲族、族兵，还有周王派遣跟随诸侯到新领地的，包括祝、宗、卜、史、职官五正之类的一整套“职能班子”。他们由周王派遣跟随诸侯到达封国，到封国之后，对周王可能仍负有一定责任。此外，受封的诸侯还带领着周王分配给他们的殷民旧族。比如鲁国受封时领有“殷民六族”，卫国领有“殷民七族”，晋国领有“怀姓九宗”等。从称“族”、称“宗”来看，这些分配给各国的商遗民，还比较完整地保存着原来的氏族结构，他们很可能在整个“出征小分队”中，是战斗成员和后勤人员的身份。所以说，诸侯所领导的这个奔赴封地的小队，本身就是一个各种人群融合的新集体。他们的到来，打破了该地区旧有的地域格局，有效地分割了原先殷人与地方的联系。

等到诸侯抵达封地之后，作为一个外来者，在很长的一段时间里，都要和当地的土著去争夺资源，争夺生存空间。但是不可否认，在比较长期的接触、交流过程中，哪怕这种交流是以战争的方式，后来一定会造成一个结果，即促进与当地人群的融合、与当地文化的融合。而最终的结果呢，就是经过几百年的交流和融合，到春秋乃至战国时候，逐渐形成以某个强大诸侯国为主干，若干个地域性的政治中心暨经济开发的中心。这样看来，虽然西周封建跟宗法关系密切，但它所造成的新组合，却初步打破了邦族界限，使政治关系进一步冲淡了旧有的邦族因素，在新封国建立起新的共同基础。

西周“封建”作为一种大地域的统治模式，还有一个深远的影响，就是造成了一个以“中国”为核心的天下差序格局。西周时期的青铜器何尊，记载了周成王的一次赏赐，铭文中提到“武王既克大邑商，则廷告于上天曰：‘余其宅兹中国’”。这是“中国”两个字，第一次在文献中出现。中国就是天下之中的意思。

周武王克商以后，曾经有一个想法，要在东边建一个新都。后来成王、周公实现了这个计划，东征结束之后，在今天的洛阳附近建立了新都叫做成周。为什么在这里建立这个新都？《尚书·召诰》里面讲的很清楚，周公认为这里是天下的中心，距离各个诸侯的道路差不多远，方便各地诸侯缴纳进贡，当然它也方便周王去控制周边的诸侯。这就是“中国”。

那什么是天下差序格局呢？周人分封，“封建亲戚，以藩屏周”是其中主动的部分。之所以主动分封宗室功臣，因为这些人是周王的子弟兵，是与周王关系最铁的。而周人分封也有承认原先旧国、旧族的部分。这部分旧国、旧族中，有些跟周王关系比较密切，服从程度比较高；还有一些是对周王来说，则可能时服时叛。

所以周人分封，本身就是一种针对不同的对象、采取不同管理方式的统治手段，于是就出现“五服”（“邦内甸服，邦外侯服，侯卫宾服，蛮夷要服，戎狄荒服”），就是说不同臣服程度的诸侯承担不同的职事，享有不同的权利和义务，就如同《国语·周语》所言：服从程度最高的甸服者、侯服者要每天、每月提供祭品来帮助周王进行祭祀，前代圣王之后的宾服者须按不同的时令进享，要服者一年一贡，荒服者就只要求他们承认周王的权威就好。

从《国语》所记载的西周“五服”，后来发展成为《禹贡》、《周礼》中“九服”的观念。虽然“九服”的名称具体有不同的说法，但都类似以王畿为中心，一圈圈向外扩展的“同心圆”：王畿往外方圆五百里为甸服，甸服往外五百里为侯服，再外五百里为男服，再外五百里为采服，再外五百里为卫服，再外五百里为蛮服，再外五百里为夷服，再外五百里为镇服，再外五百里为藩服。很显然，这仅仅是个示意图，主要想要表达出这样的思想，即：“根据诸侯臣服程度的不同，制定相应的政治经济和军事义务”。

后世王朝统治的“羁縻制度”、“朝贡体系”，都还能看出先秦“五服”或“九服”观念的影子。长期以来，造成了这样一个天下的观念：它以“中原”为中心，同时承认多元文化和族群的存在，对其施行不同的管理方式和理念。这个“天下”是没有边界的，所谓“无远弗届”。“远人不服，则修文德以徕之。”也不用军事征伐的办法，而是施展文化的、仁德的魅力，吸引远方的异文化人群。这种观念，很显然，西周“封建”是它的一个源头。

关于西周统治策略的“封建”及其影响，我们说了很多了。接下来，我们简单谈谈西周另一个重要的政治遗产——“革命”。

周人所谓“革命”，跟今天的理解不同，指的是“天命的转移”。这个政治概念的提出，是为了解决周人克商之后的第一个困境，必须要回答这样的问题：小邦周克大邑商，周人为什么会具有统治的合法性？这个问题发生在周灭商之时，问题的解决却在王朝稳定之后。

“革命”这个词，真的是一个非常古老的词汇。它最早出现在《周易》“革”卦的彖辞中：“汤武革命，顺乎天而应乎民。”所谓“汤武革命”，指商汤、周武王以武力推翻前朝。更重要的，这种暴力形式，是得到上天应允的，答案就在《尚书》里。《牧誓》是牧野之战之前、武王向全军发布的战役总动员，其中就说道，这场对商的决战，是在执行上天对商人的惩罚（“恭行天之罚”）。《召诰》更清楚地说明，武王克商，是“皇天上帝改厥元子，兹大国，殷之命！”——周把商的“命”给革了，但并不是周主动去革你的“命”，而是上天把原来赐予你的天命，拿走了，然后交给了周。——这就是《尚书》对“革命”的解释。

它通过这样一个解释来表明，周人仍然承认有天命，这是一个基础。周人说，我统治合法性的来源就在于天命。但是这个天命为什么会由原先那么强大的商，转移到我这个小邦周呢？我们为什么会取得牧野之战如此大的胜利？原因很简单，因为商朝已经失去了天命。

周人提出，这样一个天命的转移，并不是从周人才开始的。因为在《召诰》这段话里面讲得很清楚：“相古先民有夏，天迪从子保，面稽天若，今时既坠厥命。今相有殷，天迪格保，面稽天若，今时既坠厥命。”——夏朝也曾得到上天庇佑，曾经也拥有天命，只是后来失去了（“既坠厥命”）。陨落之后，天命就到殷商那里，这就是商革夏命。所以周人只是接受了之前商所受的天命，而这个天命，也是从前代夏王朝那里转移而来。——今天我们说夏商周“三代”，为什么讲“三代”，觉得夏商周是一个连续体，这样的观念其实是周人建立起来的。

周人以“革命”解释商周更迭，以“天命转移”解释“革命”的合法性来源，这看来已经很好地回答了“小邦周既克大邑商”的问题；但是这个回答，又产生一个延伸性的问题：既然天命是会转移的——也就是说，天命真的不是可以永远持有的。今天拥有了它，也许明天就没有了。这真是“细思恐极”。所以，一方面好像是周人统治合法性的问题解决了，另一方面，欣喜之下，是极大的惶恐。拿到天命后怎么办？怎么才能保有天命？怎么可以持续地拥有这种合法性？——对这个问题延伸性的思考，是周人思想中更具创造力的部分。

周人因此提出了所谓“天命的依据”。

天命既然会转移，天命似乎是不可知的。那么，我是不是什么都不能做了呢？是不是就坐等着天命，就像天上掉下来一个馅饼，捡到了抱着，哪天睡醒了就又忽然丢了？周人认为，天命的转移一定会有一个依据。那么，这个依据在哪里？

周人说：“天视自我民视，天听自我民听。”（《尚书·泰誓》）上天依靠什么来看见天命的运行是不是有效，来判断给予天命是不是合理？周人提出，上天是通过“民”来看、来听的，所以“民”就是反映天命的“风向标”。这样一来，作为统治者，这就有了一个可以做事的地方，可以把握的方向，而不是说对于命运，毫无措施了——现在就能知道从哪里去把握住天命，至少是延缓统治者丢失天命的时间。

具体来说，这个保有天命的办法是什么？

《尚书》说“敬天明德保民”。在这样的观念里面，“民”是作为天的眼睛和耳朵存在的。那就要像敬天一样，好好地对待这些老百姓。让他们看到和听到的都是令人欣喜的，于是天心才能大悦，统治者拥有的天命才能够保持得长久一点。至于怎样“保民”，那就是“明德”，统治者的德、行变得非常重要，你不能把握其他，但可以把握自己统治的技术、手段、方法，乃至于统治者个人的品德。

“德”的观念是周人的创造。在西周金文里就出现了“德”字。而《尚书》当中大量的语句都在强调这个“德”的观念，强调统治者对于德行这方面的把握和修行。天命一定会转移的，但作为统治者来说，并不是完全没有办法，可以通过统治者自身的行政、仁德去争取百姓，而使得天命在你的王朝、在你的家族延续的时间更久一些。

周初青铜器何尊的金文里，提到了“文王受命”，它发生在“武王克商”之前。对周人来说，周王受这个天命，跟周人战事征伐上取得绝对胜利，不是同一件事情。后代常说“成王败寇”，好像都以成败论英雄，可周人在思考这个问题的时候，觉得这两件事情是分开的。对于周人更为重要的，是周文王时候已经获得了上天的眷顾，取得了天命。既然商纣王已经丢失了他的天命；所以后来周武王能够克商，就是顺理成章的一个结果。在周人的解释那里，取得统治的合法性（即获得天命）要先于军事征伐的胜利。

什么标志着周的领袖姬昌获得了天命?《史记·周本纪》记载了一个小故事：在周地旁边有两个小国，芮国和虞国，两国的国君因为争田发生了争执，跑去找西伯侯姬昌，想让他来评理。他们来到周的领地，发现周人田地之间的道路都很宽，原来是双方种田的人都互相礼让，“你土地多一点，我少一点”。周地的民风也淳厚，尊老爱幼，以礼让为先。芮国和虞国的国君很受感动，说："你看，在姬昌的领导下，连老百姓都这么讲礼让，我们作为国君，怎么可以还这般相执不下呢？"他们根本还没有见到姬昌的面，就回去了。当时其他的诸国一听，都感叹道："姬昌真的是受命之王啊！"

图 4　何尊

在这个"虞芮之讼"故事里，周人首领姬昌没做什么轰动的大事，也没有什么激动人心的功绩，而周人却把这样一件小事作为文王受命的一个标志。这说明什么呢？可见周人认为，王朝国家要拥有统治的合法性，很关键的就是统治者行仁政，教化百姓。这样去做了，天命就能拥有，就能持续。不这样做，哪怕暂时地获得战争的胜利，征服大量土地，也无法真正保证能够拥有或是持续拥有天命。把民心向背、统治者德行提高到政治合法性的高度，这是周人意识形态方面贡献最大的内容，对于后世来说，也是非常重要的政治文明的遗产。

于是我们发现，周人有一种非常理性的态度，不像过去商王那样，事事都要占卜，听从神意；周人是敬神、贵神而远之（《礼记·表记》："事鬼神而远之"）。为什么"远"？因为周人知道敬是一方面，因为统治合法性来源于天；而另外一方面，"我要去做我自己的事情"，就是"明德"和"保民"的部分。周人的另外一只眼睛在关注百姓，关注人民，因为“民”才是他的政权能够长久延续的关键。这样一来，他们就把远古那种“祀神祈福”的礼仪形式，改变成为一种统治制度。

周人“尊礼尚施”，这个“施”不仅仅在人和神之间，更重要的在人与人之间。“来而不往非礼也”。通过礼物、礼仪的交换、相互施予，达成人和人之间的沟通。合理地利用这种人情（包括欲望），通过“礼”的实施，达到“别嫌疑，傧鬼神，考制度，别仁义”、“治政安君”的目的。

周人对于天命新的理解，引申出对远古“祀神祈福”礼仪形式的改造。把敬畏天神的礼仪形式，改变成为不同关系、不同等级的人和人之间的交往形式，成为社会各阶层的等级标志，并以此体现国家的秩序，实现对各层级的有效统治。等到春秋晚期的孔子，则在此之上，进一步强调为礼者应该真正拥有一颗爱人的心。所谓“克己复礼为仁。一日克己复礼，天下归仁焉。为仁由己，而由人乎哉？”——讲的是礼与仁的关系。自觉地以礼作为自己外在行为的约束；如果人人如此自觉，天下就达到仁的境界了。这是把“礼”作为自己道德修行的途径和方法。对于周人来说，“礼”成为一种规范和准则，一种统治制度：“礼治”、“礼法”，跟法律一样是必须遵守的。到孔子那里，“礼”进一步成为了个人修养和社会文明的象征。

礼，自然是讲主次、讲尊卑的。就像传统的四合院，它有主次、有尊卑不假，因为它的主线肯定在中轴线上，两边的厢房是处于卑位；但它又是相对封闭、集合的，体现出家族内部的一种和谐。而“乐”的任务，就主要在“和谐”上。乐器本身虽然也体现等级尊卑，因为不同等级的贵族，用什么乐、用多少乐器，都有不同的规定。但是音乐响起，是谁听到这样的音乐？君臣、嫡庶、贵贱、老幼都能听到。这就在一定程度上消弭了主次、尊卑、社会阶层各种差别。通过音乐的感染，从而实现了某种程度上族群、人群内部的心灵沟通。礼和乐相配合，就共同体现出秩序与和谐共存的礼乐精神。

孔子说他的那个时代已经是“礼崩乐坏”。等到每个王朝走向衰势的时候，都不断地发生“礼崩乐坏”。直到一个新的王朝兴起，一旦局势稳定，要做的首要事情之一，就是重新“制礼作乐”。礼和乐对于传统王朝的重要性，对于古代文明的重要性，体现社会秩序与和谐的重要性——它的源头，我们看到，也正是在西周。

综合以上内容，我们可以发现，周人是非常务实的一支人群，当他们面临很大困境的时候，会惶恐不安，但他们很务实地探索和创新，并且很难得地进行反思。因为反思，周人不会什么都归结于不可知的命运，也不会什么都归结于鬼神，周人思考前代曾发生了什么，“我们能够吸取怎样的经验和教训？”周人体现出一种忧患意识，就像在牧野之战之后，他会觉得惶恐，去思考“我为什么能取得这样大的胜利”；获得了天命，他也会很紧张，要去考虑“这个天命如何持续”……当然对周的统治者而言，鬼神、祖先、天，都很重要。但与此同时，西周统治者的眼睛里，已经有一部分余光，开始转向现世的人民，体现出现实的关怀、人文的关怀。从这点来说，后世人文精神的滥觞，甚至是儒家思想的缘起，在西周，都可以找得到线索。

西周的政治遗产、文化遗产还有很多，由于时间关系我们不可能一一清点；相信通过今天跟大家的分享，大家能够与我一样，生出一份对于前人尊重、理解和敬意，也会产生更多的思考。

陈雪良

《上海教育》原主编，副编审，毕业于华东师范大学历史学系。著有《司马迁人格论》、《中国远古文明之谜》、《读〈三国演义〉》、《魏晋南北朝史》(“细讲中国历史”丛书)、《中华传统美德》等。另著有历史人文小品集《生命·事业·未来》、《立志·修身·读书》、《交友·处世·做人》等。与郭志坤合著《中华一万年》、“提问诸子”丛书（10册），与陆满堂、金相成合著《历史教学法概论》等。

春秋和春秋“四圣”

何谓“春秋”

要讲清“春秋”这段历史，首先要弄明白何谓“春秋”这样一个根本性的问题。

有人会说，称这段历史为“春秋”，是因为孔子著《春秋》一书，从鲁隐公元年（公元前 722 年）一直写到鲁哀公十四年（公元前 481 年），前后有两个半世纪的时间段，后来人们就把这段历史称之为春秋时期。

我以为，这样说既对又不全对。

说对，那是因为现在我们说的春秋时期，的确与孔子所著的《春秋》有很大的关系，从时间段的确定，以及对春秋这段历史的评述，都与《春秋》一书有所关联。说不全对，那是因为这样说还没有指明“春秋”一名的由来与当时人们观念变化之间的关系。春、夏、秋、冬在夏商周三代是天时的观念，四时的运行和变化，体现着上天（上帝）的意志，那是极其神圣的。而历史是记人事的，在三代一般称为“史”、“书”、“典”，但不可能称为“春秋”，“春秋”是天时，是天条，是天规，怎么可以与人事混为一谈呢？可是，到了西周王朝灭亡以后就大不同了。天道观衰微，人道观普遍得到提升。老子不提天道而只提“道”，实际上他讲的那个“道”就是人道。孔丘“子不语怪、力、乱、神”，“敬鬼神而远之”。那个郑子产则公然对天道观叫板，他的名言是“天道远，人道迩”(《左传·昭公十八年》)。公然说天道没什么了不得的，它与人们的生活离得远着呢！正是在这种观念大转变的情况下，有人把反映天时的“春秋”嫁接到了人事上，还美其名为“以天时纪人事，谓之春秋”。(《国语·楚语上》韦昭注）这样就有了冠冕堂皇的以“春秋”命名的史书的出现。

谁是以春秋命名史书的第一人，现在已查不清了。但有一点是可以确定的，孔子肯定不是第一个。据说，孔子看到过“百二十国春秋”，墨子还读过“百国春秋”。可见，在天道观衰微的时局下，当时的一百多个诸侯国都写出了自己国家的史书《春秋》，而其中最著名、最杰出的当然是孔子的《春秋》。

孔子的《春秋》的确了得。有两点值得一提：第一，孔子的《春秋》史料最靠得住。他写了十二鲁君，后世的人们说孔子实际上是写了前后“三世”。一是“所见之世”，即孔子亲见亲历的世事，有昭、定、哀三代，共 74 年，刚巧是与孔子的生年相符。二是“所闻之世”，是孔子从父辈、祖辈那里听来的，包括文、宣、成、襄四代，共 85 年。三是“所传闻之世”，是口耳相传的资料，也有大量孔子出行考察得来的资料，包括隐、桓、庄、闵、僖五代，共96年。三者加起来是255年。这是资料的可靠性。第二，是孔子《春秋》思想的深刻性。这部书不只写了鲁国，还写了当时的“天下”；这部书不只提供了可靠的史料，还鲜明地表达了作者的爱、憎、褒、贬，提供了社会的正气、正义和正能量。这正是这部作品的不朽之所在。我们要了解春秋时代，离不开《春秋》这部大著。

“春秋”的时代风貌

春秋时期，“春秋”一词成为人们对岁月和时代的一种俗称。为什么用“春秋”而不用“冬夏”来代称岁月和时代呢？记得在读大学的时候，我们问过尊敬的束世澂老先生，他回答得很风趣，说：古人往往是以具体的感受来命名事物的。一年中春秋两季最舒服，冷热适度，此其一；春华秋实，直接关系到人的生计，此其二。由此二端，后来史官就把所写的编年的史事浓缩为“春秋”二字了。开初，一般都按孔子《春秋》所述的鲁隐公元年到鲁哀公十四年为春秋时期，到了五四运动以后，郭沫若等史家为了更科学与精确化，将春秋时期的起始点推前半个世纪，以平王东迁为准。春秋时期的终点也略略推后，定为公元前476年的三家分晋。

我以为，春秋时期可以用三句话来概括和解析：春秋是大战乱的时期；春秋是承上启下、继往开来的时期；春秋是思想解放、朝气勃勃的时期。

一、春秋是大战乱时期。春秋初诸侯国一百四十余国，到孔子周游列国时“面七十余君”，那时至少还有七十多个国家，而到了春秋结束时只有十四五国了。二百多年间，见于史乘的有大小战争483次，有人细细统计说不止这些，大约有1000次。孟子说的“春秋无义战”，基本上是对的。

晋文公早年在国外流浪十九年，经历了十多国。他到过曹国，曹国的国君很势利，不肯收留他，还以其生理缺陷嘲弄他。晋文公怀恨在心，回国当政后要报复，出兵伐曹。晋在西北，曹在它的东南角，中间夹着一个卫国。晋想借道，卫不肯，只得绕道，由此又与卫结下了怨。晋军很快攻到曹都城下，打得很惨烈。曹国有点抵挡不住了，就把晋的战俘杀了将首级挂在城头示众，以威慑晋军。晋文公怕动摇军心，就去挖曹国城外的祖坟，把那些守祖坟的人杀得一个不剩。曹国国君怕了，就将杀死的晋军士兵装敛好后送还给晋军，晋军趁乱攻入城中。进城后晋文公抓获了曹国国君，先示众后杀戮。同时让士兵大开杀戒，明令可以纵火烧民宅。但是，晋文公补充了一句：“大臣僖负羁的宅第不能烧，僖负羁此人有恩于寡人。”问其缘由，说僖负羁当年在他流浪时帮过忙，有过一饭之恩。听了这话，跟他十九年患难与共的两员心腹大将不乐意了，“一饭之恩”有此重报，我们跟了你十九年得了你多少好处啊？不听他的，偷偷杀了僖氏，还一把火将他的住宅烧了个精光。晋文公火了，一怒之下把追随他多年的两名爱将杀了，还杀了不少与此案有牵连的人。平了曹国后，晋文公又打算拿卫国开刀。卫国国君知道大事不好，派人来求饶。晋文公不理会，又是大杀戮，还把卫国一大半的土地割给了宋国。晋文公上台时宋襄公已死了两年，宋已变成了弱国，但地位很重要，摇摆于晋、楚两大国之间，将卫的土地割给宋，是为了拉拢宋。宋与卫根本不接壤，要这块土地有什么用呢？但此时宋国已是弱国，不敢拒绝，也就稀里糊涂地把这片土地从名义上收了下来。

二、春秋是承上启下、继往开来的时期。这句话可以从三个维度来加以说明。

一是世界的维度。这一时段在世界上被称为“轴心时代”。这是德国哲学家雅斯贝斯在《历史的起源与目标》一书中提出的一个新概念。认为公元前500年前后是“奠定人性精神基础”的时代，东西方出了一批大师级的人物，在东方有中国的孔子、老子、孙子、墨子，有印度的释迦牟尼，在西方有苏格拉底、柏拉图、亚里士多德。

二是中国五千年文明发展的维度。五千年文明史，发展到公元前5世纪时，刚巧是走了两千五百年，钱穆先生称为“中华文明发展的半程期”。钱穆先生在《孔子传》开头有一段话：“孔子为中国历史上第一大圣人。在孔子以前，中国历史文化当已有两千五百年以上之积累，而孔子集其大成。在孔子以后，中国历史文化复又有两千五百年以上之演进，而孔子开其新统。”这话不只是针对孔子说的，用在这时期的哪位圣人身上都适用。这就是继往开来。

三是春秋时期本身的维度。就是说春秋时期本身就体现了承上启下的精神。从战乱不断到“弥兵”，从政界的普遍腐败到季文子的“相三君而无私积”，从普遍的无所作为到叔孙氏“立德、立功、立言三不朽”观念的提出，都说明春秋后期整个社会正在从消极走向积极。前面两千五百年的文化积淀，到春秋时期凝聚成了种种文化珍品。

三、春秋是思想解放、朝气勃勃的时期。春秋时期的一个极为重大的文化现象是“学在官府”局面的打破和“学术下移”局面的形成。“学术下移”促成了“士”阶层的形成。士就是读书人，《荀子·儒效》称“彼学者，行之曰士也”。学术一旦走向民间，就会显现出巨大的力量和生机，而“春秋四圣”正是那个伟大时代的伟大产儿。

春秋四圣

在中华文化中，智慧和道德都极高尚的人被称为“圣”，而春秋时期是个需要圣人并且圣人涌现的伟大时代。

春秋四圣指的是：智圣老子、文圣孔子、武圣孙子、民圣墨子。四人处于同一个时代，除了孔子有比较确切的生卒年月外，其他人的生卒年都只能说出个大概。但四圣的存在是客观的，四圣的思想观念是鲜明的，他们各自的著作成了中华文化的经典。

智圣老子

老子的一生经历非常丰富，有三件事一直为人津津乐道：第一件事是“老子师商容”的故事。商容对老子实行“不言之教”，他张开嘴，让老子看，口中一颗牙都没了，然后又指了下自己的舌头，很好，而且伸缩自如。商容说，能教给你的就这些了。老子回去想了又想，懂了：这就是“刚弱柔强”之道，“刚”的东西看来很强，但长久不了，像牙齿一样；“柔”的东西没多少锋芒，但久远，像

图 1　老子像

舌头一样。商容是教老子哲理。第二件事是老子担任“周守藏室之史”，是个闲职。鲁迅写《出关》说他只是图书馆当差的。老子当了几十年图书馆馆长，“居周久之，见周之衰，乃遂去”。第三件事是“出关”。说是出函谷关入秦了，有的说他隐居去了。这个经历怕不一定靠不住。有学者认为：“老子和孔子一样，曾游说许多诸侯”，结果是“世人莫能知，莫能行”，于是退而修书，写出了五千言的《老子》。

《老子》五千言，可归结为三个词：顺乎自然、清心寡欲、脚踏实地。

“顺乎自然”，在老子看来，不管是大自然，还是人间世界，都是个自然发展的过程，人的作为必须顺乎自然才行。他说：“无为，则无不为”，“圣人处无为之事，行不言之教。”“功成事遂，百姓谓我自然。”在老子看来，道即自然，自然即道，“顺乎自然”这就是他要宣传的道理。

有了道理就得按此去做，这就是道术。“清心寡欲”是老子的道术主张。道理很简单，欲一多，就破坏了“自然”，结果也必然危害了自身。在五千言的道德经中，有十六字说得最痛切：“金玉满堂，莫之能守；富贵而骄，自遗其咎。”他在正告世人：贪欲害人，最后必害己。这十六字后来被曹雪芹完整地引录在名作《红楼梦》中，成为警世金言，还引发出一段感慨来：“金满箱，银满箱，展眼乞丐人皆谤……乱哄哄，你方唱罢我登场，反认他乡是故乡。甚荒唐，到头来，都是为他人做嫁衣裳。”真可惜，这类“乱哄哄”、“甚荒唐”的人世活剧至今还在一些人身上演绎，悲乎！

道术是大原则，最后还得具体去做，这就是所谓的道行。老子主张“君子终日行”，要求人们“脚踏实地”地去行道。一般认为老子讲虚无，怎么会脚踏实地？错了。顺乎自然与清心寡欲都是很高的境界，需要脚踏实地才行。老子说：“天下难事，必作于易；天下大事，必作于细。”他又说：“合抱之木，生于毫末。九层之台，起于累土。千里之行，始于足下。”这些话，至今还盛行于民众间，却没有引起研究者的重视。一些学者以为老子是出世的。错了。如果是消极出世之人怎么讲得出“千里之行，始于足下”这样的话来？

文圣孔子

孔子（公元前 551—公元前 479），鲁国陬邑（今曲阜）人。祖上是宋国人，一直到老还说自己是“殷人也”。

图 2　孔子像

孔子一生中有两句话最值得引起重视。一句话是“孔丘，圣人之后”，他的一位叫正父考的七世祖曾辅三世君，可是位愈尊，愈谦恭有礼，是位中国历史上极有名的“食粥上卿”。上卿是诸侯王之下的第一人，相当于后来的宰相。当了上卿且食粥，可见其自律之严、简朴之至。祖上的这位圣人君子对孔子一生的影响甚大。另一句话是“吾少也贱，故多能”。《史记》则是说“贫且贱”。孔子当过仓库管理员，当过会计出纳，当过牛羊饲养员，赶过牛车，当过吹吹打打的儒者，而且因贫贱还受过季氏家臣阳货的侮辱。这两句话铸造了孔子的人生。

孔子一生做了四件事：一是三十岁以后创办私学，这是最大的事，孔子说到底还是位教书先生，是“万世师表”。二是五十岁以后的出仕，据说当过中都宰，相当于首都的市长，当过司空，相当于国土资源部长，当过司寇，相当于司法部长，出席过齐鲁“夹谷之会”（在今山东泰安），一直到五十五岁去鲁周游。三是周游列国十四年，从目的论角度讲，我把它定位在“追迹三代之礼”上。四是六十八岁后归鲁，整理文献。四件事中，最有价值的是开创私学，可以说毕终生之力而为之，实际上，从对后世的影响而言也大要在于此。

关于教育思想，在这方面孔子是有大的创新的。他有“三论”，使其成为真正的“万世师表”。

一是“学习论”。

这是孔子的创新，在他之前没有这一说法。《论语》的编纂者把“学而时习之，不亦乐乎”放在首篇、首章、首句，是很有道理的。孔子告诉人们，做学问除了“学习”这个笨办法之外，没有任何捷径可走。钱穆称孔子说的“学习”，就是“如鸟学飞，数数反复，人之为学，当日复日，时复时，年复年，反复不已，老而无倦”。这是终身学习的观念。这使我想起了孔子“韦编三绝”的故事，想起司马迁“读万卷书，行万里路”的故事，想起了董仲舒“三年不窥园”的故事。这些都是“学习”的典范。

二是“好学论”。

孔子对自我的评价是，最大的长处是“好学”，在评述三千弟子时，称唯有颜回真正算得上好学。中国文化中称“学者，觉也”。这至少有两层意思：一是说“学”能启人觉悟，二是说“学”靠自觉。“好学”所推崇的就是一种学习上的自觉精神。

好学者好问，“孔子入太庙，每事问”（《乡党》）。

好学者博学，“君子博学于文”(《雍也》)。诗、书、礼、乐、典章、义理，甚至草木鱼虫，无所不识，无所不学。

好学者发愤，“发愤忘食，乐以忘忧，不知老之将至”(《述而》)。闻韶而三月不知肉味亦为一例。

好学者无处不学、无人不学，“夫子焉不学？而亦何常师之有？”(《子张》) 小孩子、盲者、老农、老圃、自家弟子，都可以是他的老师，这就叫“何常师之有”！

好学者好古，“我非生而知之者，好古，敏以求之者也”(《述而》)。古人的前言往行足可为鉴也。这个“古”是广义的，“前事为古”，把前事好好想一想，辨一辨，从中获取收益，这都叫“好古”。

三是“学者为己论”。

这是孔子留给我们的一个最伟大的思想。“古之学者为己，今之学者为人”(《宪问》)。这是学习目的论，学习的目的就在于修养自己。为了把“学者为己”说清楚，后学荀子专门说了一段话：“孔子曰：‘古之学者为己，今之学者为人’，其意当为：君子之学也，以美其身；小人之学也，以为禽犊。”

孔子提倡的学习是为了“修己”(“修己以敬”，“修己以安人”，“修己以安百姓”)，为了“洁己”，为了“律己”，而不是把学习当作可以供吃喝的“禽犊”。不客气地说，现在是“小人之学”盛行，家长动不动就这样“教训”孩子：“好好学，不学好将来只能去扫大街，学好了，将来要高楼有高楼，要高薪有高薪！”多实惠，实际上就是孔子和荀子批评的“小人之学”。

武圣孙子

孙子被称为武圣或兵圣。他是（约公元前 545—公元前 470）齐国乐安（今山东惠民县）人。祖先姓妫氏陈，逃到齐国后改田姓，八世后分出孙姓。

图3　孙子像

孙子名孙武，是田氏后裔，可说是世代将门，如春秋早期的司马穰苴也是田氏家族中的一代名将，是孙武的叔曾祖。齐与晋战，屡战屡败，于是齐景公起用司马穰苴为大将，又让心腹庄贾为监军。庄贾自以为是齐景公的心腹不按时到达军中，穰苴命按军法斩之。庄贾一看不对，忙命差使向齐景公告知。齐景公使者匆匆赶到时，庄贾已被斩。齐景公使者因急于赶到，在军中不减车速而飞奔，违反军纪亦斩。从此齐军军纪严明，士气大振，晋军不战而败。

孙子继承了司马穰苴的治军作风。当时孙武一脉逃在吴国，吴王阖闾想振兴吴国，以孙武为将。阖闾读过《孙子兵法》十三篇，就让孙武以宫女为阵试兵。孙武将宫女分成两队，各以王之宠姬为队长。孙武给她们讲了些列队攻守之法，于是击鼓开练，那些宫女视为儿戏，大笑。孙武说："宫女大笑，我没把纪律讲清，不怪大家。"于是又一次击鼓，宫女们又笑，孙武说："大家不把纪律当回事，罪在指挥者不力。"三次击鼓，宫女仍然不当回事。孙武说："已三令五申，现看来罪在队长，斩！"吴王看动了真格，想来求情，孙武不听。"将在军中一切听将军的。"斩杀王之爱姬，如此纪律严明，吴军成了战无不胜的一支队伍。

根据自己和前人的作战经验，加以提炼，孙武写出了《孙子》十三篇。曹操说："吾观兵书战策多矣，孙武所著深矣！"并亲自写了中国历史上第一部《孙子注》。现有书注二百多部，版本四百多部，公认为“兵学圣典”、“百世兵家之师”、“世界古代第一兵书”。“二战”名将蒙哥马利认为，世界上所有的军事院校都应把它列为必修课。

孙子的兵家思想有几点是值得注意的：

一是“唯人是保”的根本军事思想。“保”指的是保护。孙子认为，战争是血淋淋的政治，又是保护民众的斗争。不只要保护征战国的民众，还要保护被征战国的民众。通过宣传，通过实际的行动，让人民知道你是在保护他们，那必然能锁定胜局。

二是立足于战略取胜的军事思想。包括“将为国之宝”的战略思想；天时、地利、人和综合考虑的战略思想；战备宜足、战事宜速的战略思想；避实就虚的战略思想；以逸待劳的战略思想；“以治待乱、以静待哗”的战略思想；化敌为友、同舟共济的战略思想。《九地篇》：“吴人与越人相恶也，当其同舟而济，遇风，其相救如左右手。”美国军事理论家柯林斯说：“孙子是古代军人中第一个形成战略思想的伟大人物。”

三是提出“百战百胜，非善之善者也。不战而屈人之兵，善之善者也”(《谋攻篇》)。这是个伟大的思想。提出两手取胜：一手是以战取胜；另一手是不战而胜。其中包括和平的手段，宣传的手段，文化的手段，政治的手段，经济的手段，调动一切手段以取胜于敌手。

民圣墨子

墨子的生卒年月不太清楚（约公元前 468—公元前 376，另一说是公元前 490—公元前 403），鲁国人，一说宋国人。

墨子被称为平民圣人，他的一生都在为民众的利益奋斗。我们这里略称为民圣。墨子早年学的是儒学，后来发觉儒学有个明显的弱点，就是“礼烦而靡财”，于是决计“背周道而用夏政”，以大禹的精神创立墨家。他也与儒家一样办学，学生数千人，被后世人称为当时的显学。

图 4　墨子像

当时战争频频，因此墨家的第一要务是非战。他的非战不只是讲道理，更重要的是付诸实践。墨门弟子都有一套攻城略地的本领，而且有“摩顶放踵以利他人”、“赴汤蹈火死不旋踵”的精神。最有名的是一次楚国要攻打弱小的宋国，他们用鲁国工匠鲁班的云梯攻城，可谓是攻无不克。墨子带了五十多弟子步行十日十夜赶到楚都，劝说楚王与鲁班放弃攻城，楚王不肯，墨子就在那里展示守城的方法，使楚王与鲁班感到的确技不如人。楚王想杀了墨子，墨子则大义凛然地说，我死了不要紧，我早派了 300 名技艺高强的门徒在宋守城了，你想攻占宋国，休想。楚王知道墨子的厉害，就取消了灭宋的念头。这样的事还很多。现在大家都说要弘扬“工匠精神”，殊不知，工匠和工匠精神的老祖宗是墨子。其实，墨子还是中国科学精神的第一人，在《墨子》一书中，涉及许多数学与物理学方面的科学知识。

“博爱”思想是墨家的显著特点。孙中山发动辛亥革命时自号“当代墨子”，用的思想武器之一就是墨家的“博爱”。墨家认为那时为何有那么多战争，根本上说是缺乏人间之爱。在“爱”上，墨子比孔子更彻底、更广泛，他提倡的是天下大爱。儒家是“别爱”，墨家是“兼爱”、“周爱”。提出爱亲人，也爱他人；爱母国，也爱他国；爱上等人，也爱下等人。他最有名的话是：“获（女奴），人也，爱获，爱人也。臧（男奴），人也，爱臧，爱人也。”

墨家具有比儒家更严密的组织系统，步调一致，建立了“巨子”制度，这可能与当时反战的要求有关。纪律也十分的严明。《吕氏春秋》中记述了一则墨子大义灭亲的故事。说有一墨家巨子的儿子在秦地杀了人，秦惠王与这位巨子关系不错，说：“先生你年岁大了，我已通知相关官吏，放你一马，不杀你儿子了。”那位墨家巨子说，不行，墨法规定，“杀人者死，伤人者刑”，我儿子不可不杀！最后是“逼”着秦王杀了他儿子。这是中国历史的光荣，是我们的优良传统。后来刘邦的入关“约法三章”是“杀人者死，伤人者刑，盗者抵罪”，就是以墨法为底本的。

“四圣”是中国的灵魂

读春秋“四圣”会让人感动，让人感恩于历史的伟大赐予。一位西方学者说：“如果历史抽掉了那些深刻影响社会进程的伟人、哲人、圣人，难以想象历史会是怎样的。”中国历史也是如此。

“四圣”是中国的灵魂。当我们讲到“彬彬有礼”的时候，很自然会想到孔子；当我们讲到勤劳勇敢的时候，很自然会想到墨子；当我们讲到“兵不厌诈”、“兵贵神速”的时候，很自然会想到孙子；当我们讲到“清正廉洁”、“反腐防腐”时，很自然会想到老子。“很自然”，说明“四圣”已化入了我们的血肉和灵魂。

国人的灵魂云云，实际上说的是国人民族性格的形成。我们的民族性格的形成始于春秋时期，国人很多根深蒂固的观念都是成于春秋的：

一是生死观念。

汤一介先生说过："中国人把生和死都看成是一种责任。"孔子说"未知生，焉知死"，曾子说"士不可以不弘毅，任重而道远"。墨子主张"赴汤蹈火，死不旋踵"，这些话都意在强调人生的责任意识。这种人生的责任意识千百年来不断强化，成为了真正意义上的民族意识。我们大致上可以理出一条这样的人生责任主线来：从孔子的"任重道远"和墨子的"赴汤蹈火，死不旋踵"，到易经的"君子以自强不息"，到司马迁的"人固有一死，或重于泰山，或轻于鸿毛"，到诸葛亮的"鞠躬尽瘁，死而后已"，到范仲淹的"先天下之忧而忧，后天下之乐而乐"，到文天祥的"人生自古谁无死，留取丹心照汗青"，到毛泽东的"生的伟大，死的光荣"。这是一条多么明晰的中国式的生死观念发展之路啊！可以说既有发展，又一以贯之。

金岳霖先生说过，在世界三大哲学思想主流体系中，印度哲学是"来世"的，希腊哲学是"出世"的，而中国哲学是"入世"的。在理智方面，中国哲学向来是通达的。"入世"的哲学往往是勇于面对现实的，也是积极向上的，具有直面时弊、勇于革新的精神。就是争议颇多的老子哲学，其所谓的"无为"，实际上是对人世间那些权贵的巧取豪夺"有为"行为的声讨和批评。"金玉满堂，莫之能守；富贵而骄，自遗其咎"，是对"有为"的大富大贵者的大警示、大批判。你搜刮的钱财再多，老百姓一起来，你早晚得完蛋！他说得多"入世"，一些学者把"老学"解读为出世哲学，实在冤枉了这位大圣人。

二是忧乐观念。

德国大学者黑格尔说过："在四大文明古国中，中国是最灾难深重的国家。"大灾大难考验了国人，也砥砺了国人，形成了"生于忧患，死于安乐"的观念，进而成为中国人独有的苦乐观。而这种民族意识，有学者明确指出："忧患大成于孔孟。"

好古的孔子明白生在多灾多难的中国除了直面灾难勇往直前的奋斗外，无第二条路可走。孔子说："君子忧道不忧贫"，说自己是"其为人也，发愤忘食，乐以忘忧，不知老之将至。"称赞自己的大弟子颜回是"一箪食，一瓢饮，在陋巷，人不堪其忧，回也不改其乐"。孔子的后学孟子说"君子有终身之忧"。墨子则明确提倡"俭以养德"，认为"俭节则昌，淫佚则亡"。这些经典的说法为国人的忧乐观奠下了坚实的基石。

庞朴先生认为，忧患意识是中国社会的文化动力，而乐感文化则是审美的人生态度。忧患而不悲观，面对种种灾异而不沉沦，以苦斗为乐，以顽强拼搏为荣，这是中国人的民族性格，而这一性格的完美形成，起于春秋时代的"四圣"。

三是"三不朽"观念。

人怎样生活才有意义？何谓"不朽"？这是春秋时人完整地提出来的，而且给出了充满正能量的答案。

春秋末叶，鲁国的执政叔孙豹来到了晋国。他这次外出不是国事访问，而是一次寻找同好轻松愉快地谈文论道的文化之旅。他找来的是一位晋国的大学问家。先是对方单刀直入地发问："何谓不朽？"叔孙豹似乎早已成竹在胸，回答道："太上立德，其次立功，其次立言，虽久不废，此之谓不朽。"那位晋国学问家一惊，拍案叫绝，说："出此大言，先生从此也真不朽了！"这次席间谈话不知怎么，很快就传遍朝野，并得到普遍的赞许，被认为是超乎凡俗的经典之言。此后，人们所言所行，所作所为，常以此"三不朽"为镜子加以对照，从而决定弃取。

应当说，提出"三不朽"高论的叔孙豹其人，有此一论，也足以名传千古了。

到了汉初，司马迁整理文献，发现了叔孙豹的"三不朽"论，觉得立论颇为高远，但又觉得"立德、立功、立言"的顺序略显凌乱，于是，司马迁在《太史公自序》这篇雄文中把三不朽定格在"立功、立言、立德"上。以立功始，以立言继，以立德终，成了中华志士仁人的不倦追求和走向。

上述三端可谓是中华民族性格的主体内涵，而这些都是成就于被称为"春秋"的那个历史时期的。

于凯

上海工程技术大学教授，历史学博士，主要从事中国社会历史与文化研究，尤其关注中国古代国家治理、传统中国社会管理思想等。代表作有《战国秦汉的国家与小农》、《从战国农业政策看国家与小农的共生互动关系》、《战国古代国家化进程中的邑落结构变迁》、《中国传统社会保障的历史渊源及其特质》、《战国史》（“细讲中国历史”丛书）等，合著有《趣味历史》、《器之藏：现代考古学视野下的中华古代文明》、《国学经典导读》。

战国——大变革的时代

战国时期，是中国古代历史进程中的重要时段，从时间上看，这段历史虽然只有短短的250年，但它却衔接了前后两个2000年。战国之前，是夏、商、周（包括西周和东周的春秋时期）三代文明，古史学界通常称为“三代”；战国之后，是以秦汉王朝为开端的大地域帝国政治，战国居于其间，成为衔接前后两个历史时段的过渡与桥梁，具有承上启下的关键作用。

关于战国历史的研究，学术界，包括古史学界和考古学界，已有很深的积累，这就为我们深入了解这段历史变迁的来龙去脉，做了很好的铺垫。但鉴于资料与文献的不足征，这段历史至今依然有很多未解之谜，等待我们去进一步探索。今天我想跟大家谈一谈战国时期的社会变革。

战国：古今一大变革之会

战国通常认为从公元前475年起，到公元前221年秦始皇统一六国止，前后约250年的时间。从朝代上来看，这段历史是周平王东迁后的东周历史的一部分；从社会发展阶段看，战国历史是西周时期的早期“大一统”政治解体的结果，又是秦汉帝国“大一统”政治的新的开端，在古代中国历史发展进程中，是一个极为重要的关键环节。

战国历史最鲜明的特点，用几个字来概况，那就是“战”、“乱”和“变”。战国之所以成为“战国”，自然跟这一时期持久频繁的兼并战争是分不开的，战争代表着旧秩序的瓦解，但新的秩序又一时半会儿无法建立，由此自然就引发了各个社会领域的失序和混乱，这就是战国之“乱”。“战”和“乱”常态化，则激发了各个领域的社会变革，或者说是变化，这就是战国之“变”。

战国时期的社会变化，并非局部或单一的，而是全方位的，涉及政治、经济、社会、和思想文化等多个领域。这多重变化汇聚在一起，表现为纷繁复杂的社会现象，给人们眼花缭乱的感觉。这在中国古代历史进程中，是非常独特的一个时期。

战国时期的这种历史特征，很早就有人注意到了。明末清初著名思想家王夫之在其所著《读通鉴论》中，对战国历史有一段描述：

> 战国，古今一大变革之会也。侯王分土，各自为政，而皆以放恣渔猎之情，听耕战刑名殃民之说，与《尚书》、孔子之言

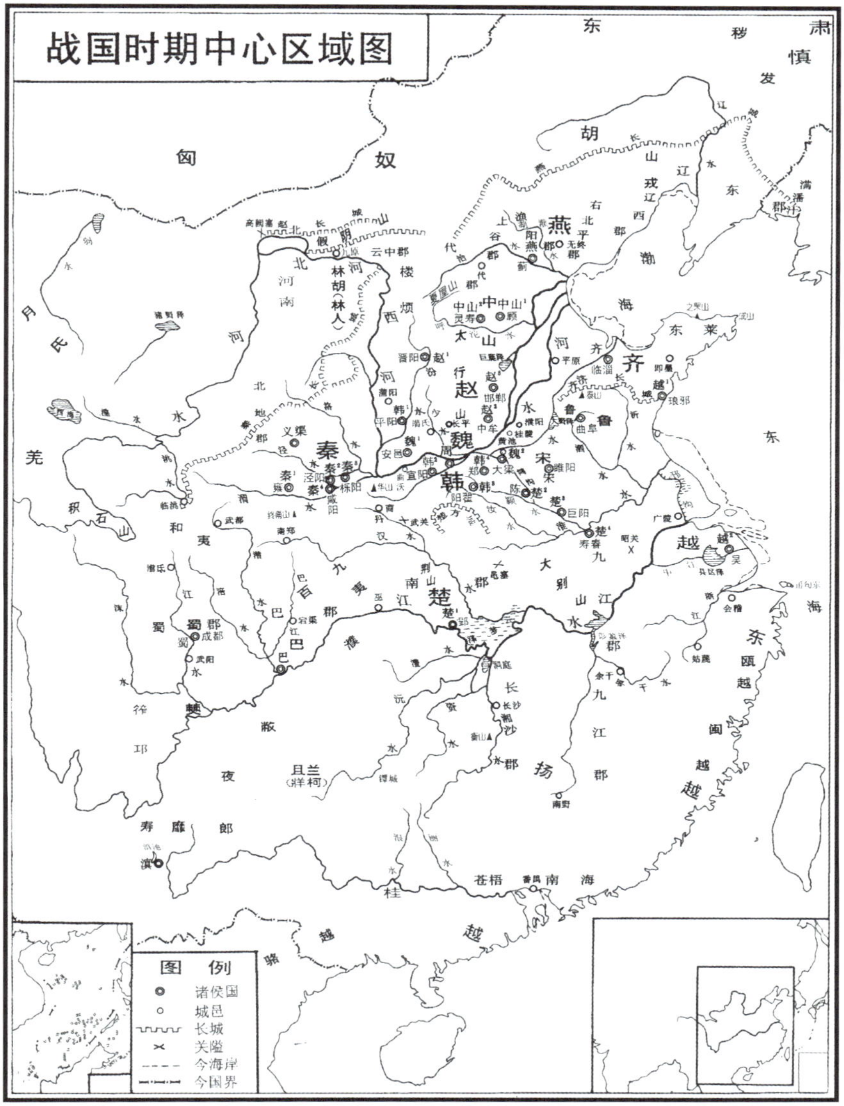

图 1　战国时期中心区域图

背道而驰。(王夫之《读通鉴论·叙论四》)

王夫之信奉儒家的“仁政”“爱民”之说，他对战国的世变持严厉的批评态度。但他正确地指出，战国世变在中国古代社会转型中的关键位置，称其为“古今一大变革之会”，是非常到位的评价。用今天的眼光看，战国世变，其实是中国古代“大一统”文明政治，从夏商周“三代”时期的“1.0”版，向秦汉帝国之后的“2.0”版过渡的关键；也是战国古代社会整体转型的关键。

有关战国世变的总体情景，再让我们来看两段文字。第一段文字，出自西汉大史学家司马迁《史记·六国年表序》中，将战国世变视为东周以来礼崩乐坏、治理失序的后果。他说：

(是后)陪臣执政，大夫世禄，六卿擅晋权，征伐会盟，威重于诸侯。及田常杀简公而相齐国，诸侯晏然弗讨，海内争于战功矣。三国终之卒分晋，田和亦灭齐而有之，六国之盛自此始。务在强兵并敌，谋诈用，而从(通“纵”)衡短长之说起。矫称蜂出，誓盟不信，虽置质剖符，犹不能约束也。

司马迁认为，战国世变的开端，是晋、齐两国的政治危机所导致的政局剧变。晋、齐两国，是春秋时期中原地区最有实力的两个“霸主”国家，到春秋末期，两国都遭遇了严重的政治危机。最终的结果是，晋国分裂为韩、赵、魏(史称“三家分晋”)，齐国则是执政大臣田完杀掉原来的国君取而代之(史称“田氏代齐”)。司马迁指出，战国世变的典型特征，是“海内争于战功”，诸侯国之间“务在强兵并敌，谋诈用，而从（纵）衡短长之说起”，最终引发全面的社会失序。

第二段文字，出自《吕氏春秋》。《吕氏春秋》是一部综合性政论著作，是战国末期秦国丞相吕不韦召集手下门客撰写而成的。其中的《仲春纪·先己篇》提到：

> 当今之世，巧谋并行，诈术递用，攻战不休，亡国辱主愈众，所事者末也。

这里也同样使用“巧谋”、“诈术”、“攻战”、“亡国辱主”等词，与《史记》的判断大致相当。可见，战乱频繁与社会失序，也就是“战”和“乱”，是古人对战国历史特征较为一致的总体评价。这标志着中国古代历史进入了一个整体性世道变迁的剧变时期。

战国时期的世道变迁，最直接的政治后果，就是宗法国家的解体。宗法国家，形成于西周初年“封建亲戚，以藩屏周”。周王在灭商之后，为控制广阔的疆域范围，采取分封制的办法，挑选一批重要的同姓子弟和异姓亲戚，通过授民、授疆土的方式，把他们分封到各重要的战略地区，创建了一批地方诸侯国家。这些地方诸侯国家，在其封地内负有治土、治民之责，但其权力合法性，皆来源于周天子所授，要承担对天子的政治义务，服从西周王朝的宗法、礼乐制度的安排。由此，就形成了以“封建制”+“宗法制”+“礼乐制”为核心的“天下”治理格局。

公元前775年，周平王东迁以后，王室权威下降和天子领导力的减弱，西周礼乐制度也日渐朽坏，出现了“春秋五霸”为代表的

“区域性霸主”。其中，最典型的国家有两个，晋国和齐国。齐桓公和晋文公，都是当时的霸主领袖。春秋后期，随着霸主国家对周边弱小诸侯的不断兼并，其领土面积也日益扩张，内部结构趋于复杂，但在原有的宗法国家秩序架构内，国君的政治权威不足，导致权臣擅权，政治离心力加大，最终酿成了“三家分晋”和“田氏代齐”的事件，战国历史的大门也因此而打开。

到了战国时期，兼并战争愈演愈烈，有些实力较强的区域性大国，逐渐吞并了周边的中小诸侯国家，形成了若干拥有较大疆域面积的“跨区域强国”，这就是以韩、赵、魏、齐、楚、燕、秦等为主的“战国七雄”。随着疆域扩大，各国原有的松散治理模式，已无法胜任新的形势。再加上“天下竞于力气”背景下兼并战争的巨大压力，使得各国政治面临着严峻挑战。对原有的传统的国家治理体系的改革，也就越来越必要了。

战国世变的第二个直接后果，是兼并战争所带来的空前强大的竞争和生存压力。有学者曾统计过，在战国 250 余年间，共发生各类战争 468 起。不仅如此，战国时期的战争烈度，远比之前的时代要惨烈得多。春秋前期的战争，还保留着一些古代贵族战争的传统。交战双方所动用的兵力，通常也就数千人，最多万余人。交战过程也相对简单，双方排好军阵，然后对攻，几个回合下来就见胜负。大家可能都听说过宋襄公的故事。宋楚泓之战，宋襄公讲究“仁义”，坚持要等楚兵渡河列阵后再战，结果大败受伤，最后死去。毛泽东批评他是一种“蠢猪式”的战斗。但若返回到当时的历史情境之中，宋襄公所坚持的，才是春秋之前贵族时代两国交战的传统原则。

战国时期的战争，早已不是这样的“温柔”。随着各国军备竞赛不断升级，兵员数量不断增强，小国拥兵数十万，大国则可多达上百万。《战国策》中，常用“带甲百万，车千乘，骑万匹”来形容各国实力之盛，就是例证。作战武器也有了不断地改进，出现了攻城用的云梯、抛石机，还有连发的弩机等，战争的破坏力也随之增加。各国交战，旷日持久，战场围攻，可持续数月，大型的战役，甚至持续数年之久。更要命的是，交战各国为了消灭敌国的有生力量，常常采用大规模的战场杀戮手段，战况空前惨烈。《孟子》提到“杀人盈城”“杀人盈野”的情况，在当时已相当普遍。

长平之战，是秦赵两个大国之间在战国后期的战略决战，在历史上相当有名。赵军的统帅，先是老将廉颇，后来换成了“纸上谈兵”的赵括；秦军的主帅，是著名秦将白起。赵括军败后，秦军把投降的40余万赵军，几乎全部坑杀，尸骨层层累叠，情境相当惨烈，让人十分惊怵和震撼。

由此可见，战国时期，随着列国疆域扩张，带来了一些新的治理难题，原有的宗法国家的治理传统已无法适应，亟需采纳针对性的变革；而空前惨烈的兼并战争，又使得各国面临日益严峻的生死存亡的挑战，也直接催生了战国变法运动。

战国变法：以国家能力为核心的治理变革

在日渐激烈的兼并战争的压力下，只有增强国家能力，才能找到出路。在这样一个“天下竞于气力”的时代，谁的实力强大，谁就有可能赢。为应对这种局面，各国不得不改变原来的治理模式，顺应时代要求，推行变法措施。

战国变法，以魏国为先。魏国的地理位置比较特殊，正处于列强环伺的“四战之地”。相比其他国家，魏国最先感受到了兼并竞争带来的巨大压力，因而也就有更强烈的危机感和改革意识。公元前406年，魏国的国君魏文侯，任命李悝为相，开始推行变法，揭开了战国时期列国变法的序幕。

李悝变法，使魏国国力迅速崛起，产生了很强的示范效应，引发了各国跟进与仿效。此后，列国陆续推出了变法措施，如：吴起变楚（公元前382年）、申不害相韩（公元前351年）邹忌相齐（公元前356年）、商鞅变秦（公元前356年）、赵武灵王胡服骑射（公元前307年），以及燕侩王“让国”等等。这些变法，除了燕侩王盲目效仿古代“尧舜禅让”，要将王位让于相国子之，最终引发内乱而沦为历史闹剧之外，其他都取得了一定成效。其中最有成效的，是秦国国君秦孝公任用商鞅在秦国推行的变法活动。

商鞅，原名公孙鞅，他是卫国公室的庶子。他早年投靠魏国的丞相公叔痤门下，是公叔痤的门客。公叔痤临终时向魏王推荐了商鞅。他还告诉魏王，商鞅这个人很有本事，能用就用之，若不能用，则一定要杀之，以免为别国所用。但魏王对公叔痤的临终交代并没有真正放在心上，他既不用商鞅，也没杀商鞅。商鞅见自己在魏国不受重用，就自魏至秦，求见秦孝公，向秦孝公陈述变法之道。

商鞅先向秦孝公推广帝道和王道，秦孝公不感兴趣。于是，商鞅就对秦孝公陈述霸道，引起了秦孝公的兴趣。于是秦孝公任命商鞅主持变法。商鞅变法，采取了一系列措施，强化国家能力，为秦的崛起奠定了坚实的基层。他本人也因功被封到商地，做了商地的

图 2　记录商鞅变法后耕作景象的石刻

封君，于是就有了“商鞅”的叫法。

战国时期列国的变法，都是围绕增强国家能力这一核心主题而展开的。国家能力建设的重点，主要集中在两方面：一是国家的资源汲取能力，二是国家的社会动员能力。这两个方面，是国家能力的集中反映，也是从古至今有关国家能力建设的两大核心主题。战国时期的这些改革，是古代中国的独创，被美国学者弗朗西斯·福山称之为“现代国家的最早起源”。战国变法，首先是围绕两大主题的政治体制改革，主要着眼于如下几个领域：

首先，是地方管理模式的变革，以郡县制取代了传统的分封制。

分封制的模式，是一种松散的代理型治理的模式，封君就相当于各地的代理商；而郡县制的模式，则是一种集中的垂直化管理的模式。郡守和县令，都由国君任命，对国君负责。他们领受国君任命，承担地方治理之责，国君会对其任期内的治理业绩，进行考核，以确定奖惩。郡守、县令的任期是不固定的，可以随时任免。郡县制的萌芽，最早出现于春秋末期，当时的晋国和楚国，灭掉周边的小国后，采用县的模式，将地方归属国君直接治理。早期的郡，面积比县大，相当于新占领的边地的“军区”。郡县制在战国陆续展开，为秦汉帝国所继承，成为“跨区域大国”地方治理的核心系统。

第二，改革官吏任命与考核制度，以职业官僚取代原来的世卿世禄。

国君任命职业官员，主要是考虑能力而不是出身。并且，任命的官员要根据“因能受职，因功受赏”的原则，接受国君考核。为衡量官员的工作是否达标，还专门发明了一套业绩考核机制，称为“上计”。也就是由任职的官吏定期向上级汇报情况，上级则根据下级的业绩，决定奖惩升黜。

第三，居民管理方面，推行乡里制，以取代原来的自然村社制。

乡里制，是郡县垂直管理体制，在县以下居民治理领域的延伸。按照原则，县以上的区域，以治土为主，由中央（国君）直接任命的官员来管理；县以下，则以治民为主，县下设乡，乡下设里。乡中的啬夫、三老、游徼等职，多由本地人担任。这些人不是国家任命的正式官员，但可以享受一定行政级别待遇；乡以下所设的里，是最基本的居民管理单位，有点类似今天的行政村或者居委会；里有里长，负责管理里中事务。里中的居民，多采用什伍相保的方式，组织起来，加以管理。乡里制的居民管理模式，使国家权力可以有效地控制和支配基层社会。自战国确立后，2000 多年以来，为历代王朝所沿用，充分说明它在基层社会治理中的历史作用。

第四，居民政治待遇方面，取消世袭爵制，推行军功爵制。

爵位，是古人政治身份的标志。爵位越高，其政治身份就越高。战国之前，爵位大多依据身份世袭的原则而定，贵族家族的子弟，可以自动袭取祖先的高爵；而普通平民，虽有功劳，却无法获得高的爵位。战国变法，各国为鼓励居民投身耕战，纷纷改革爵制，打破了身份世袭的旧传统，转而强调“食有劳而禄有功”的原则，把爵位的高低与军功大小等业绩，联系起来，确立了新的爵制标准和原则。这样，衡量居民爵位的高低，不看重出身，而更看重谁能打仗、谁劳动最有成效、谁的贡献大等业绩指标，根据功劳的大小，决定爵位的高低，爵位越高，政治地位也越高。这就是《史记·商君列传》所强调的，“(使)有功者显荣，无功者虽富无所芳华”。战国军功爵制改革，以秦国“二十等爵”最有代表性。汉代因袭之，并逐渐将其转化为民爵。

有一篇古文，题目叫《触龙说赵太后》，其内容是：赵太后宠爱少子长安君，老臣触龙劝说赵太后，问她：“今三世以前，至于赵之为赵，赵王之子孙封侯的，其继者现在还有在位的吗?”太后说：“没有。”触龙又问：“不独是赵国，在其他诸侯国中，这种情况有吗?”太后说：“我没有听说过。”由此可见，爵制改革，破除世袭制，已是各国的普遍现象。这种政治待遇与功劳联系在一起，不仅极大地提升了国家政治动员的能力，而且使得国家与居民之间，建立了直接的政治关联，这是有利于强化国家的社会动员能力的。

战国治理变革的第二个领域，是农业生产领域，核心是田制与赋役制改革，主要目的，是提高劳动生产率和国家汲取能力。具体的做法，主要包括：

推行国家授田制。授田制，实际上是一种“国家份地农”土地分配制。战国时候，列国为加强国力，陆续将各地区的国有土地，按照一定标准进行规划，以明确各地区土地田邑比例，再将其折合成标准的耕地面积，确定地方纳税额度，这种做法，古人称作“提封”。经过规划的区域，按照“户均百亩”的标准，把土地分给农民耕种，向农民征收赋税和劳役。这就是古人所讲的“制土分民，计户授田，肯粟征税”。这种土地分配模式及其配套的赋税劳役制度，形成了以“五口之家”+“百亩之田”为特征的小农经济生产方式。这就是古人所说的“治土分民之律”。《孟子》中提到的“五口百亩之家”，就是这样来的。

而土地制度改革，总是与赋税制度改革联系在一起的。战国时期，针对农民的赋税，主要包括“粟米之征”、“力役之征”与“布帛之征”，都是土地与劳动结合的产出物，这种以小规模的农户经营为主体的农业经济生产模式，进一步强化了小农经济的制度基础，间接塑造了古代国家与小农的关系。

小规模农户分田经营的好处，是可以充分调动小农家庭的生产积极性，提高单位面积的劳动力投入，从而带动劳动生产率的提高，也有助于强化国家的经济汲取能力。战国时人已注意到这种现象。《吕氏春秋·审分览》中有“今以众地者，公作则迟，有所匿其力也；分地则速，无所匿迟也”的说法，《管子·乘马》中也有“均地分力，使民知时也，民乃知时日之蚤晏，日月之不足，饥寒之至于身也；是故夜寝蚤起，父子兄弟，不忘其功，为而不倦，民不惮劳苦”的记载，说的都是同一个道理。

与授田制改革相配套，还有古人称为“编户齐民”的户籍制度。这一制度，以户为单位，登记每个家庭的人口、土地、财产等方面的情况，以进一步加强土地和居民的管理。《商君书·去强篇》提到，“强国知十三数”的说法，其中，需要统计和登记的包括：“境内仓府之数，壮男壮女之数，老弱之数，官士之数，以言说取食者之数，利民之数，马、牛、刍藁之数”等等，这些都要以编户制的推行为基础，才能有效统计。

20 世纪 70 年代，湖北云梦睡虎地秦墓，出土了一批秦代的法律竹简，其中就有居民户籍登记的资料，对户主的身份、爵位及其家中的人口、房屋、牲畜、土地，甚至包括家内奴隶（“隶臣妾”）的情况，都要加以详细登记。其中，有一支简文中，还提到了“魏户律”的记载，可见秦的编户制度，在魏国也有推行。中国的古代的居民户籍制度，就是由此发展而来的。

授田制、赋税制、户籍制，再加上乡里什伍制，这一系列的制度安排，都是配套的，由此确立了国家和小农之间的直接联系。国家将土地分给一家一户的小农，有助于调动小农户的生产积极性，提高单位土地面积的劳动生产率，极大地强化国家的经济汲取力和对劳动力的直接控制能力。但国家授田给农民，同时也要承担保障小农生产和再生产的责任和义务，中国古代传统社会保障制度，与此有紧密关联。

多年前，我写过一篇论文，讨论战国秦汉时期的农业政策，分析了国家与小农之间的“共生互动关系”。我认为，从战国时期开始，集权国家与小农生产者，是相互依赖、互为条件的，是不可分割的一个整体。从战国农业政策中，可以看出，国家的角色和身份是多重的，不仅是权力支配者和政策制定者，更要直接介入生产环节，承担其生产管理的责任，同时还要担负起兜底的“保姆”责任，在小农生产遇到灾害和危机时，国家要出面承担救助之责。两者之间的共生互动，既有依托，也有矛盾。双方关系维护比较正常，就是朝代稳固的时候，反之，则容易导致小农的破产，最终引发社会性危机，导致王朝政治解体。中国古代王朝治乱兴衰的密码，就隐藏在国家与小农的这种关系之中。

战国时期的社会变迁

战国变法运动，围绕政治体制与生产体制的改革，本质上是一场深刻的治理变革。这场治理变革背后，是列国政权为适应兼并战争形势需求，探索“跨区域”国家有效治理的新模式和新途径。这些活动，为秦汉帝国的“大地域”中央集权的国家体制的建设，准备了必要条件，也启动了战国社会变迁的“多米诺骨牌”，引发了一连串的系统性连锁反应，带来了战国社会结构、思想文化等各方面的深刻变迁。

战国变法所引发的治理模式与生产方式变革，前面已有交代。接下来，再让我们来看看其他领域的相关变化：

首先来看社会阶层分化与社会风气变化。战国变法，打破了西周以来“士、农、工、商”的“四民分业”的状态，也瓦解了以等级世袭制为特征的宗法秩序，在社会结构层面，引发了深层变化。受此影响，各国的社会阶层分化加快，社会流动空前活跃，社会风气也发生着剧烈的变化。

战国社会阶层分化，首先表现在小农阶层的分化方面。随着授田制、乡里制和编户齐民政策的推行，造就了数量庞大的个体小农阶层，成为新兴集权国家的社会基石。个体小农的典型形态，是《孟子》中所讲的“五口百亩之家”。通常是一对成年夫妻，外加数个子女，可能还会有同住的老人，以家庭为单位，耕作“百亩之田”，家中有五亩之宅，门前门后栽几棵桑树，再养上点“鸡豚狗彘之畜”。待到子女成年立业后，可能要分家析产，单立门户。《史记·商君书》记载，秦国法律甚至规定，“民有二男以上不分异者，倍其赋”。引导居民通过分家析产，建立小型家庭。

这种个体家庭的小农结构，有助于调动农民耕作的积极性，便于国家的经济汲取和人力动员，但也面临着很多的风险，一旦有风吹草动或遇到点天灾人祸，或者赋税劳役过重，就有破产的危险。小农破产后，要么沦为别人的债务奴隶，要么就为人佣耕，沦为雇农。前者，秦简中的“隶臣妾”，大约就是这样一批人；后者可以《史记·陈涉世家》为例，其中提到陈胜年轻时，因为家贫而为人佣耕，在田间劳作休息时，感慨“苟富贵，勿相忘”，其他同伴们都笑话他，可见当时的为人佣耕者数量还是不少的。还有些人实在混不下去，就选择脱籍流亡，混迹于山林江湖之中，成为流民。

与此同时，地方社会中那些拥有土地、社会资本或其他社会关系的人，则逐渐演化成了地方豪强地主；还有一些人积累了较多的军功，成为有一定经济实力的军功地主。这两类人都是地方社会势力的核心。他们的存在，进一步加剧了社会的贫富分化和不平等现象。

战国社会分化的第二个表现，是社会流动性的增强以及“士阶层”的兴起。战国时期的“士阶层”，是一个极有影响力的特殊社会阶层，很多学者对此情有独钟，特别是南开大学刘泽华先生，早在20世纪80年代，就有过专门研究。

战国的“士”，是一个数量庞大的“自由职业群体”，他们或是出身各国贵族家族的破落子弟（如商鞅），或是出身平民阶层的读书人（如苏秦）。他们大都接受过一定的教育或有一定的文化素养，不事田产，而靠智力谋生。战国时期，各国为吸引人才，争相开出优惠条件以招贤纳士，这就为士阶层的发展提供了广阔的舞台。这些人经常在各国间流动，以学求禄，或担任国家职务，或成为权臣的门客，用则留，舍则去，成为当时社会最活跃的因素。

由于“士”的投资—回报率相对较高，吸引了大批平民趋之若鹜。《史记·苏秦列传》记载，苏秦青年的时候，不治产业，终日头悬梁，锥刺股，刻苦求学，期待学成之后，能干禄诸侯。但他早年境遇不佳，频遭讥讽，甚至受尽家人的“白眼”，后来一朝显荣，风光无限，原来看不起他的人，却转而对他卑躬屈膝。《韩非子·外储说左上》也提到，“(魏国)中牟之人，弃其田耘，卖宅圃而随文学者，邑之半”。可见这种情况，在当时是相当普遍的。

战国社会分化的第三个突出的现象，就是商品经济发达与商人阶层的活跃。战国时期的商品经济，是中国古代是比较突出的，其发达程度，不亚于明清及近代中国。早年间，厦门大学著名经济史家傅衣凌先生，曾对战国商品经济有过专门的研究。他认为，战国是中国商品经济的第一个高峰。这个评价，我认为是非常到位的。

司马迁的《史记·货殖列传》是最早为战国商人立传的文献。其中提到一个名叫陶朱公的商人，他的真实身份，乃是春秋末期越国的大夫范蠡。范蠡在辅佐越王勾践卧薪尝胆、灭吴复国的过程中，发挥了极重要的作用。传说勾践灭吴后，范蠡与他的情人西施，泛舟太湖之上，莫知所终。但根据《史记》的记载，范蠡变易姓名，来到北方经商，多次货殖致富。《史记》中还提到一个人，是孔子弟子子贡。子贡是春秋战国之际著名的大商人，他经商致富，有很强的经济实力，足以与很多诸侯国君相抗衡。他往来各国，接驷联乘，交接诸侯，对当时政局有很大的影响。

战国商品经济的发达，激发了很多活跃的经济因素，如高利贷、大宗商品贸易，都有极大的发展。此外，在中原地区的交通要道，或在各国的交界区，如宛、陶等地，形成了若干大宗贸易集散中心。战国商业因素空前活跃，各国贵族非常喜欢同商人们往来。有些商人，甚至做起了政治投资，这方面的典型人物是吕不韦。

吕不韦原是卫国阳翟的一名商人，他长期在赵国经商，擅长风险投资。他最成功的一笔大生意，就是在赵国遇到了秦国的质子公子子楚，也就是秦始皇的父亲。子楚在赵国无依无靠，正是需要帮助的时候，吕不韦以为“奇货可居”，就专门与子楚交结，还把自己的宠姬送给子楚，并派人到秦国活动，为子楚铺路，最后子楚回国做了王储，吕不韦也跟到了秦国。子楚即位不久就去世了，他的儿子政即位，这就是大名鼎鼎的秦王嬴政。吕不韦被嬴政尊称为“仲父”。这表明，战国时期，商人阶层的社会活跃度与政治影响力，远比后世一般人所料想的要大得多。

由于商品经济的活跃，战国时期的各国城市之中，往往会聚集很多游民，还有各种各样的娱乐行业。战国末期，韩非子著《五蠹》篇，提出要针对学者、言古者、带剑者、患御者、商工之民等五种“乱国之俗”的社会闲散阶层，给予限制和取缔，以便进一步强化国家的耕战目标。这五类人，与战国社会变迁

图3　吕不韦像

衍生出来的居民阶层分化，正好有所对应。相对来说，这些人都比较难管，不仅不能直接创造财富，而且还会大量消耗社会资源，败坏社会风气，破坏耕战的目标。因此，韩非主张对他们要采取严格限制的措施。

战国时期的思想变迁

战国时期的思想变迁，最突出的现象，就是出现了诸子百家学说。诸子百家思想活跃，围绕当时突出的社会现实与理论问题，展开争鸣，为中国古代思想的发育，作了极为重要的探索和铺垫，在中国古代思想史中具有重要地位。

诸子百家的学派划分，依据何种标准，历来素有不同争议。我们从秦汉之前的文献中，可以看到，当时的人们讨论诸子思想时，大多以人名为别。秦汉人对诸子学派的划分，有了"六家"与"十家九流"的区别。

前者，以司马迁父亲司马谈为代表，他将诸子思想分为儒、墨、道、法、名、阴阳等六家；后者，则以刘向的父亲刘歆所著《七略》和东汉班固《汉书·艺文志》为代表，他们认为诸子之学的源头，乃是古代的王官之学，将诸子学派分为儒、道、阴阳、法、名、墨、纵横、杂、农、小说等十家（若除掉"小说家"，则称为"九流"），分属不同的"王官"系统。后世的学者讨论诸子之学，多以后说为主，习惯于把诸家看成是彼此独立的学术群体。但后说所言的诸子学派，实质上是一种图书分类原则，说他们出自"王官"，无非是为出于图书分类的方便，并不一定反映战国诸子之学的实情。以学派为标准的思想研究，对我们了解战国诸子思想争鸣的概貌，虽有一定帮助，但这样做反倒使诸子之学的真实面目变得越来越模糊了。

如果从战国思想史的总体情境分析入手，我们可以看到，战国诸子的思想，并非孤立存在，而是彼此间有着各种各样的深层关联。国内学者中，钱穆著《先秦诸子系年》强调诸子之学“别世而观”；北京大学教授李零研究战国思想地图，强调要“分区而论”。把这两种观点有机整合为一，才能更好地揭示战国思想演化的具体路径。

大致而言，战国思想演化，前期主要有两派“显学”：一是儒学，一是墨学。儒家保留了古代“六经”的文化传统，强调礼和仁，突出道德教化；墨家则主张“尚贤”、“尚同”、“廉爱”、“非攻”，强调行动力，对儒家的繁文缛节甚有批评。儒家自孔子兴私学，在文化教育方面，具有重要影响。孔门四科中的“文学”科，战国秦汉时期一直是知识精英的重要组成部分。墨家的情景，大约出身于手工者，他们不仅有思想流传，还有比较严密的组织体系，其领导者人称“钜子”，有点像金庸小说《射雕英雄传》中“丐帮”帮主洪七公及其手下的各袋“长老”。因此，儒家的知识学问在精英阶层中传播甚广，墨家的影响则更多集中在社会平民阶层之中。

前些年，著名海外华人学者何炳棣写了一篇很有意思的长文，名为《中国历史上的大事因缘》，他认为，讨论秦的崛起，除了商鞅变法之外，还要关注墨家组织在秦国社会变革与社会整合中的重要作用。秦之墨者，《吕氏春秋》中曾有提及，可惜文字过于简略，难究详情。但今本《墨子》一书，有些讨论战争技术的，如《守城》等篇，与《商君书》某些篇目的记载，的确可看出某些内在关联，这意味着两者可能存在某种“交集”。

除了儒、墨“显学”外，战国思想流派中，还有两家特别值得注意。一家是道家。道家原为秘学，专讲长生不老和阴谋之术，后来演变为战国黄老之学；还有一家是法家。法家的源头，是三晋（韩、赵、魏）的刑名法术传统，后受道家学说影响，发展出了一条国家治理的法、术、势理论。法家之学流传到秦国后，成为秦帝国制度构建的重要指导思想。

战国诸子之间的学派交流和学术融合，也是一直存在的。到战国中期以后，诸家学说相互渗透，彼此整合，逐渐在东方和西方，形成了两个学术中心：一个是齐国的稷下学宫；另一个则是秦国丞相吕不韦组织门客集体编写《吕氏春秋》。这两个中心，都是杂糅了诸家之学，体现了思想整合的趋势。此外，从目前出土的战国古书流传的情况看，在南方的楚国，也有各家思想传播，呈现出相互渗透和交叉影响的趋势。

关于各学派的思想主旨，司马迁的父亲司马谈曾写过一篇《论六家要旨》，强调诸子之学“殊途而同归，百虑而一致”，其要旨“皆务为治也”，都是围绕着国家治理主题而展开的。由此可见，战国时期各种思想流派所关心的核心问题，还是如何应对社会危机、如何通过有效的国家治理构建新的社会秩序的问题。这正是战国世道变迁的最核心的时代性问题。虽然不同的思想流派，因其理论旨趣与思考方向不同、对未来秩序的答案不同，但它们之间并非孤立的存在，而是彼此影响、相互渗透、相互质疑又不断融合的过程。战国时期的百家争鸣，不仅为秦汉帝国统治秩序的建立，做了重要的思想上的准备，而且对后世的中国传统思想的历史走向，产生了极为深刻的影响。

天下归秦：三种国家治理模式的“竞争”

经过持久的较量，战国七雄的兼并战争最终以秦灭六国、一统天下而告终。公元前221年，秦王政灭掉六国，建立了一统天下的秦帝国，战国分裂格局的局面最终回归到了统一的状态。

秦国之所以能够最终赢得兼并战争的胜利，后人有多种多样的解释。比如，有一种代表性看法，主张从地理优势方面来探讨秦赢得天下的原因，认为：秦据有关中，土地肥沃，西边没有强敌，东面又有黄河和函谷关据守，进可攻，退可守，地理优势远比处于“四战之地”的魏、韩要强很多；也有人从制度建设的角度，提出：商鞅在秦变法，最为彻底，也最为坚决，为秦的统一奠定了制度基础。另外，还有人从军事战略的角度讨论问题，认为：秦在进攻山东六国之前，先巩固了西北边疆，同时又占据了汉中和蜀地，获得了纵深后方和广阔的回旋余地。应该说，这些分析都有一定道理。

如果从国家能力建设的视角来分析，细审战国时期的列国形势变迁，就可以看出，战国后期，真正有实力统一的国家，除了秦国，还有齐国和楚国。这两个国家跟秦一样，都处于不同的边缘方向，有较为广阔的战略纵深，也有很强的经济实力，但最终却无法战胜强秦，除了战略选择失误外，可能还与其国家治理模式有一定关联。

具体来说，战国七雄在兼并战争的竞争压力下，最后演化出了三种有代表性的国家治理模式，正好对应着秦、齐、楚三个区域性大国。三种国家治理模式，各有特点：

第一种模式，是秦的模式，以法治为主，以耕战为本，制度上，特别强调法术刑名之学的“一断于法”的作用；政策上，则以奖励耕战为第一要务，具有“强国家、重集权”的特色。秦国的模式，实际上承袭自三晋国家的法家传统，但在三晋的基础上，又有创新和优化，因此也更有竞争力。

第二种模式，是齐的模式。齐国在今天山东地区，富有山海鱼盐之利，历史上就有浓厚的经商的传统，市场经济尤其发达，从齐都临淄一带出土的战国陶文中，可以窥见一斑。因为工商业发达，思想自由度也高，齐国还专门设立了“稷下学宫”，用优惠条件吸引各地的学者。今传本《管子·轻重》篇中，多次提到了“商战”的概念，可能与齐国注重运用市场因素的竞争策略有关。但齐国模式最大的弱点，一是国家集权能力弱，二是过分倚重市场，导致民富国穷；再加上执政的大臣如孟尝君等人，多有私心，导致齐国的政治凝聚力差。战国后期，燕将乐毅曾帅军攻齐，半年内，连下齐国七十余城，最后只剩下了莒和即墨两城，齐国几乎灭国，正反映出齐国以工商立国模式的先天缺陷。

第三种模式，是楚的模式。楚国的国家治理，长期以来，多由楚王和景、屈、昭等楚国贵族“共治”。贵族家族势力在楚国国家治理中有极大影响，由此就带来了政治凝聚力差、缺乏长远战略眼光等致命缺点。战国时期，楚国曾一度与秦国竞争，但楚国的国君（如楚怀王）缺乏战略思维，偏听偏信，楚国的大臣只关心家族利益，很少考虑整体国家利益，导致国家战略目标游移不定，一会儿联齐，一会儿联秦，政治投机的机会主义盛行，自然也无法在长期竞争中胜出。

战国晚期的天下统一进程，实际上是三种治国模式的相互竞争。秦的胜利，标志着秦的国家治理模式的最终胜出。战国末期，著名的思想家荀子曾到秦国考察，他看到秦国治理的情景，曾经感叹，秦之所以胜，“非幸也，数也”。在荀子看来，秦能统一天下，不是偶然事件，而是选择了正确的变革方式、不断增强国家能力的必然结果，也是历史演变的必然结果。

到了公元前221年，秦灭六国，一统天下，实现了真正的大地域帝国。秦的面积广阔，相当于当今大半个中国。在当时的背景下，没有现代化的交通手段和通讯技术，如何统治这么一个国家？其统治技术，很大程度上来自于战国时期的积累。没有战国世局变迁为铺垫，就不会有秦汉帝国的统一格局的形成。

因此，我们应该看到，战国时期三种治国模式的竞争，最终以秦的胜出而告终，这就为秦统一后的“大地域”帝国的建立，提供了必要的制度基础、治理技术和治理理念。但秦的统一，最初只是政治上的统一，社会统一和思想统一还远未达成。

秦始皇统一后，由于对自己的“强国家”模式过分依赖，实际上无法有效地完成各区域的社会整合，也无法很好地完成思想上的整合，最终招致“二世而亡”的命运。但统一的历史趋势，却不可阻挡，继续深化。最终，汉高祖刘邦建立汉朝，逐步消解了政治与社会之间的紧张关系，初步完成了社会的整合，成为秦始皇的“遗嘱执行人”。之后，经过惠帝、文帝和景帝的多年经营，到汉武帝刘彻时，才最终完成了文化上的一统，秦汉大地域帝国的治理秩序才最后得以成型。战国世变的历史幕剧，至此才算是彻底完成。

结语：历史的“裂变”和“熔铸”

战国世变的基本特征可以用三句话来归纳：

第一句话，战国是天下大乱的世道。这个世道不怎么好，虽然有些现代学者，基于思想自由的视角，很喜欢这个世道的自由气氛，但对于普通人来说，这个世道太过于混乱，有无数的战祸与灾难，实在不是个好的时代。

第二句话，战国是一个剧烈变化的世道。战国历史，正处于巨大的社会转型时期，前面二千余年所确立的传统秩序已渐趋解体，而后面二千余年的新的秩序，尚在探索之中。在这样的历史巨变面前，念老黄历是不行的，需要做出彻底的改革。

第三句话，战国是一个极有活力的世道。战国时期，各国的变法，是在巨大时代压力下的制度创新活动，由此激发了新的社会活力和探索精神，对后世的历史产生了重要影响。苦难是新生的必要的代价。也许这正是历史的辩证法。

总之，战国时期是一个剧烈变化的转型时期，也是一个充满活力的创新时期，是中国五千年历史长河中的一个重要的转折点，是中国古代社会的“深度变迁”与“结构再造”的关键环节。中国的思想传统文化的精华，诸子百家精髓，包括中国人对整个世界宇宙的认识，真正的定型，也是在战国时期。如果没有经历过战国时期的“裂变”与“熔铸”，就不可能有后来的秦汉的长期统一，甚至不会有我们今天的统一。正因为这样，这 250 年间所蕴含的诸多历史进化密码，才值得我们去反复揣摩、仔细回味和认真研究。

马孟龙

复旦大学历史系副教授，历史学博士，主要研究方向为秦汉史、历史地理、出土文献。曾在《历史研究》、《中国史研究》、《考古》、《文史》、《中华文史论丛》、《历史地理》、《中国历史地理论丛》等学术刊物发表论文十余篇，出版学术专著一部。获第四届“谭其骧禹贡基金青年历史地理论著奖”论文类三等奖。

秦汉时代存在纪念雕像吗？

今天我们对纪念雕像早已习以为常。它们或树立于广场，或摆放于公园，譬如鲁迅公园里的鲁迅雕像、龙华烈士陵园里的烈士群雕，不需要解释，大家都知道是纪念鲁迅先生和革命烈士的。要纪念什么人，什么事，使用雕像，几乎是每个人首先想到的做法。

不仅如此，有时雕像的纪念作用甚至超越雕像本身。在很多纪念性场所，一个纪念空间往往是围绕雕像来营造的。几乎每一座城市都有纪念广场，要想找出一处没有雕像的纪念广场，还真不容易。

纪念雕像的大量涌现，应该说是近代开埠以后的产物，不用说是受了西方文化的影响。纪念雕像在西方可谓历史悠久，古埃及时代就已经存在，此后一直延续。

任何一个民族都具有争抢优秀事物"发明权"的本能冲动。想想现在有多少国家为足球"发明权"争得面红耳赤。而中国人还有一个特点，就是“自古以来，越古越好”，总希望把某项事物的发明权追溯到亘古久远的某个时期。战国时期，有一部叫做《世本》的书。在这部书里，几乎当时所有重要的事物都是黄帝、炎帝发明的。真苦了两位老人家，除了治国安邦，还要搞发明创新，若是在今天，绝对是大家学习的楷模。

言归正传，20 世纪初，中国学人开始编写自己的“雕塑史”，努力寻找中国纪念雕像的悠久传统，最后把目光聚焦于两千年前的秦汉时代。我国第一部现代意义的“雕塑史”，是由著名建筑学家梁思成撰写的。书中把秦始皇的十二金人和汉武帝的“马踏匈奴”石像认定为我国纪念雕像的源头。这种观念被以后的每一部“中国雕塑史”继承。在国际学术界，有一位蜚声海外的中国艺术史学者，即美国芝加哥大学的华裔教授巫鸿，他有一部在西方极具影响且备受争议的论著，中文译本叫《中国古代艺术与建筑中的“纪念碑性”》。书里明确提出秦代的都城咸阳存在三组“纪念碑”，其中一组就是“十二金人”。而西汉的“马踏匈奴”石像，其纪念性的主题更是毫无疑问，“纪念着当年骠骑大将军霍去病对汉帝国西部拓展的贡献”。瞧瞧，早在秦汉时代，中国就存在巨型铜人和“马踏匈奴”石像这样的大型纪念雕像，想想也是扬眉吐气了。

然而，我们今天所谓的某些“常识”，往往是后世观念不断累积、衍生和固化的结果，若追本溯源，事物的实质和我们的理解可能根本不同。我们不妨先探究一下秦始皇“十二金人”究竟是一组什么东西？

与“马踏匈奴”石像不同，今天的我们看不到秦始皇“十二金人”。其中十个在东汉末年，因为大军阀董卓军费紧张，被拉走熔炼铸钱了。仅存的两个，在十六国时期的战乱中下落不明。不过史书中保留着很多关于“十二金人”的记载。关于“十二金人”最早，也是最可信的记载出自西汉司马迁的《史记》。司马迁记述，当秦始皇统一天下后，把收缴的六国兵器熔铸成十二套“钟虡金人”，摆放在宫廷中。现代也有人尝试复原铜人。以前在西安市秦阿房宫遗址旁，有一处私人投资的阿房宫主题公园（现已拆除），便摆放着十二个铜人，这些铜人大多是站立的兵马俑形象，秦代的铜人肯定不是这个样子。20世纪70年代，湖北省随州市发现了春秋晚期的曾侯墓葬，其中出土了规模庞大的编钟（即曾侯乙墓编钟）。这套编钟现作为镇馆之宝陈列在湖北省博物馆。在编钟的钟架上，有托举姿势的人物形象，曾经有学者认为秦始皇“钟虡金人”大概就是这个样子。不过亲眼见过金人的班固在《西都赋》描述钟虡摆放在庭院、金人摆放在宫门前。《三国志》还称董卓拉“铜人、钟虡”去铸钱，显然金人和钟虡是两类东西，那些学者的说法并不可靠。

虽然我们无法知道秦始皇“金人”的确切形象，不过至少有两点是清楚的。一、金人是坐姿；二、金人是胡人的形象。东汉末年，张衡游览长安，写了一篇《西京赋》，夸耀旧都的辉煌风貌，自然不能遗漏秦始皇金人。张衡描述为“高门有闶，列坐金狄”，明白无误地宣称金人们坐在宫门前。《汉书》记载了一个小故事。一天王莽做梦，梦见秦始皇十二个金人有五个站起来哭泣。很显然，金人是坐姿。《汉书·五行志》还记载秦国天下统一前夕，在帝国西陲临洮，出现了十二个夷狄巨人，后来秦始皇即仿效十二个夷狄巨人铸造了十二金人。《五行志》收录的故事大多荒诞不经，但是这个故事仍然明白地显示，秦始皇十二金人是胡人的形象。班固是亲眼见过金人的，不会睁着眼睛说瞎话。后来同样见过金人的张衡在《西京赋》也把金人叫“金狄”，就是铜狄人。所以说不管以后“有志者”怎么复原秦始皇十二金人，都应该是坐姿的夷狄形象。附带提一下，秦汉的坐姿与我们今天不同，当时的坐是跽坐，是以跪姿坐在自己的脚踝上，而非坐在椅子上。从这个角度讲，日本人倒是保留了秦汉的坐俗。

或许很多人不知道，秦始皇十二金人身上还有文字。前面提到王莽梦见金人站起来哭泣的故事，王莽认为这是因为金人身上有铭文，所以命人把文字磨掉。至于文字的内容，后来一部名为《三辅旧事》的书有记录，内容是秦始皇兼并天下后颁布统一各项制度的诏书。我们今天在很多秦代度量衡上还能见到同样的文字。另外根据魏晋时期的文献，秦始皇十二金人高 3 丈，重 24 万斤。秦汉 1 丈相当于今天的 2.33 米，1 斤相当于今天的 258 克，换算下来金人高度达 7 米，重 60 多吨，如此高大的金人，身上还镌刻着秦始皇统一天下的诏书，若是放在今天，绝对是一组宏伟的纪念雕像。

然而很多人都忽视了一个细节。这些雕像放置在什么地方？根据《水经注》的记载，这组金人在秦代放置在阿房宫门前，汉代被移放至未央宫门前。不过更多的文献记载，在汉代这些金人被放置在长乐宫门前。其实这组雕像到底是放置在未央宫，还是长乐宫，都没有太大关系。我唯一想提醒大家注意的是，不论在秦代还是汉代，不论在哪座宫殿，这组金人都放置在宫殿门前。亲眼见过金人的张衡说“高门有闶，列坐金狄”，同样见过金人的班固在《西都赋》中也说“列钟虡于中庭，立金人于端闱”，这都是有力的证据。

北魏的郦道元在《水经注》把秦始皇十二金人称为“翁仲”，这个翁仲可不是一般的物件。关于“翁仲”的含义，学术界争议也挺大，很多学者都说“翁仲”是外来语。不过，“翁仲”却是秦汉大型建筑正门前不可或缺的陈设。《水经注》记录了祭祀汉代开国功臣郦食其庙宇的门前陈设，就包括一对石质的翁仲，其中一件翁仲上还有铭文“门亭长”。我们今天还能看到与《水经注》记述高度吻合的翁仲实物。在曲阜孔庙的古代石刻陈列馆中，有一对当地征集的石质汉代翁仲，其中一个身上有文字“汉故乐安太守麃君亭长”。从铭文可以判断出，这一对翁仲原本放置在东汉乐安太守麃君陵园门前。“门亭长”是秦汉时代大户人家或政府官署门前派置的小官员，主要负责守护大门和传递信件，相当于今天住宅小区和政府机构门前的保安和门房传达人员。在汉代的大型建筑门前，摆放石质或铜质的“保安”，想想也是极为气派的做法。

讲到这里，并不是想说秦始皇十二金人是陈设在宫殿正门前的十二个铜质“外籍保安”，而是想说明这一类被称作“翁仲”的物件在秦汉时期具有更为具体的功能。它们往往是大型建筑群正门陈设的必要物品。秦汉的大型建筑群规模宏大，正门意义非凡。为了营造正门庄严肃穆的空间格局，特别是当大型建筑群存在不止一座门时，就需要对正门进行特别装饰，以标明建筑群的朝向与布局。秦汉时代的大型建筑群，往往在正门前，以及比较重要的门前修建阙，就是出于这样的考虑。阙是标志建筑群正门所在的重要建筑，甚至这类建筑本身没有任何实际用途，立阙就是为了标明正门的方位。设想你是一个秦汉时代的人，来到一处大型建筑前，如何寻找正门？只要你找到了阙，自然就找到了正门。以汉代皇帝居住的未央宫为例，未央宫开有许多门，唯独东正门和北正门门前修建有阙，表明两座门具有非常重要的地位。而事实正是如此，秦代至西汉的大型建筑以东方为正（东汉以后改以南方为正，延续至今），所以东方的正门才是未央宫建筑群的正式大门。不过，这座门只有在国家重大典礼时开放，平时都处于关闭状态，皇帝日常出入都经由北正门，所以也要在北门立阙。这种门前立阙的做法，在明代以后逐渐消亡，但是在皇帝宫殿仍然保留。大家去北京故宫，可以看到午门两侧，有一组向外突出的建筑，这组建筑正是宫阙，表明午门才是紫禁城的正门。

对于秦汉时代的大型建筑群，仅仅立阙还不足以营造正门庄严肃穆的空间格局，还需要通过其他陈设加以装饰，翁仲便起到这种作用。所以我们不难发现，秦汉时代大型建筑群的正门，翁仲与阙往往同时出现。我们再仔细阅读郦道元对郦食其庙门格局的描述，“庙宇东面，门有两石人对倚。北石人胸前铭曰‘门亭长’，石人西有二石阙”，正是翁仲与阙的组合。非常幸运的是，我们现在仍能看到汉代阙与翁仲组合的实例。在河南省登封市太室山南麓，有一处大型建筑群——中岳庙，是汉代以来祭祀嵩山的场所。目前中岳庙主体建筑为明清时期修建，而正门前却保留有一对汉代的石质翁仲和一对石质阙（即大名鼎鼎的“太室阙”）。两组石翁仲和石阙分别陈设于建筑南门中轴线两侧，不仅完整地保留了汉代大型建筑的门前陈设布局，也表明从汉代至今，中岳庙的正门没有发生改变。不论是秦代的阿房宫，还是汉代的长乐宫、未央宫，正门也需要一组翁仲来装饰门前空间，身形高大的六组铜质金人与壮丽的宫门和宫阙相得益彰，足以展示皇家气派。

秦汉时代大型建筑群门前的翁仲，并不局限于人的形象，动物、神兽也是主要题材。前面说过，汉代未央宫北门是日常的正门，该门又称“金马门”，是因为门前陈设有一对铜马。西汉的上林苑中有一处行宫，名“飞廉观”，也得名于宫殿正门陈设的一对铜“飞廉”。《三辅黄图》解释飞廉是一种雀头、鹿身、蛇尾、豹纹的神兽。目前在南北朝隋唐的器物和墓砖上常能见到一种鸟身兽头的神兽，有学者认为即飞廉。无论是秦始皇十二金人，还是金马、金飞廉，都是建筑正门前的装饰物“翁仲”。东汉迁都洛阳后，还派人把长安的金马和金飞廉运到洛阳，继续陈设在皇宫门前，当时也想把秦始皇十二金人运走，只是因为它们体量过于庞大，只能作罢，不然十二金人仍然会在洛阳皇宫继续装点门庭。这类在门庭前陈设雕像的做法，在中国的传统从未中断。我们去北京故宫，可以看到很多院落门前摆放着青铜神兽。即便在今天也是如此，某些住宅小区、企事业单位或政府机关正门前摆放的石狮子，也是基于同样的传统。当然，若是上档次或高级别的政府部门，石狮子往往要换成铜狮子，古往今来都是一样，铜“翁仲”才更显富贵奢华。

讲到这里，相信大家已经意识到，秦始皇十二金人其实是陈设于皇宫门前的装饰物，而不是我们现代意义上的纪念雕像，并没有承载明确的纪念主题。当然，也许有人会说，十二金人镌刻秦始皇统一天下诏书，分明带有纪念全国一统的政治意义。对此我并不否认，十二金人也承载了一定纪念功能。但是对于金人本身而言，作为“翁仲”的实用功能是第一位的，它的纪念功能附属于实用功能。我前面提到，秦始皇统一天下的诏书也镌刻在很多度量衡上，虽然这些度量衡也因此具有一定纪念属性，但是它们本身都是实用器物，并非纯粹的“纪念品”。如果延展至汉代，我们可以发现，当时仍然没有制作纯粹纪念物品的观念。汉武帝兼并周边异族政权后，烧造了带有“汉并天下”或“惟汉三年，大并天下”文字的瓦当，还烧造带有“海内皆臣，岁登成熟，道毋饥人”的地砖（以往误认为是秦代的），这些物品毫无疑问带有纪念特征，但是它们本身都是实用的建筑材料，并不是纯粹的纪念品。从这个角度讲，我们不能把秦始皇十二金人看作纪念雕像。不妨打一个比方，我们常看到，某些单位门前摆放的石狮子刻有“某某周年纪念”的文字，这个石狮子能被看作是纪念雕像吗？

说完了秦始皇十二金人，我们再来看看西汉“马踏匈奴”石像。这座石像放置在霍去病陵园，距离汉武帝茂陵不远。按照汉代的观念，服务皇帝的大臣死了，要陪葬在皇帝身边，到地下继续服务。霍去病不仅跟汉武帝沾亲带故，还是汉武帝最欣赏的军事将领，所以一定要陪葬在汉武帝身边。“马踏匈奴”石像就是汉武帝专门为霍去病陵园制作的，现在这座石像放置在霍去病陵墓封土的正前方，处于霍去病陵园最为核心的方位。为了更好地保护这座石雕，今天的陵园管理人员修建了亭子，以遮风避雨，好似很多“纪念碑”的碑亭，在亭子周边还开辟出大片空地。这种规划手法，我们在很多城市的纪念广场都能见到。今天的游客一踏入霍去病陵园，马上会注意到醒目的“马踏匈奴”石像，不难萌发出巫鸿那种“纪念着当年骠骑大将军霍去病对汉帝国西部拓展的贡献”的感慨。

“马踏匈奴”石像的名气实在太大，以至于很多人都不知道，霍去病陵园除了“马踏匈奴”石像，还保存有许多其他汉代石像。根据考古工作人员的调查和清理，霍去病陵墓除了“马踏匈奴”石像，还保存有石马、石熊、石虎、石蛙、石人等十余件汉代石雕。如果说“马踏匈奴”石像是霍去病赫赫战功的纪念，那么这些石人、石

图 1　霍去病陵园“马踏匈奴”石像

兽跟霍去病的功绩又存在怎样的联系呢？

这个问题我们稍后再作思考，这些石人、石兽目前被成组配置在霍去病封土与“马踏匈奴”石像之间的主道路两侧，为了加强保护，在主干道两侧还修建了亭廊。这种石像摆放位置，与后世帝王陵园神道两侧的“石像生”非常类似。的确，后世的石像生也基本由石人、石兽构成。而很多介绍“石像生”历史源流的文章，也把霍去病陵墓的石人、石兽作为我国最早的“石像生”实物。若果真如此，那么这些石人、石兽与前面谈论的“翁仲”功能类似，本身并没有什么特殊含义，只不过是陵园神道的装饰物而已。

就目前“马踏匈奴”石像和其他石像的摆放位置而言，我们非常容易地接受，“马踏匈奴”石像是一座纪念性雕像，而其他石人、石兽则是附属于陵园的“石像生”。但是游客可能未曾思考过这样的问题：在汉代，这些石像也是这样摆放的吗？

根据新中国成立初年一些考古工作者的记录，霍去病陵园的石像原本放置在陵墓封土上或周边。我们今天看到的摆放方式，实际是后来陵园重建时再次调整的结果，不可避免地受到后人观念的干扰。也就是说，类似石像生、纪念雕像的摆放方式，本身就是当代人的理解，我们对这些石像性质的认识，其实被误导了。

要想搞清这些石像的真正作用，前提是恢复它们未受干扰之前的原貌。仅仅凭借民国时期和新中国成立初年的调查笔记，还具有相当大的困难。若是能有早期的图像资料，将大大有助于问题的讨论。非常幸运的是，1914 年法国人谢阁兰到中国陕西一带游历，曾去探访霍去病陵墓。那时的谢阁兰随身携带有照相器材，多亏这位法国人，为我们保留下一张宝贵的霍去病陵墓早期图像（见图 2）。

从这张照片可以看到，霍去病陵墓的石像原本是以非常杂乱的形式放置在封土上或封土周边，与后来民国时期、新中国成立初年

图 2　民国时期霍去病陵墓景象（谢阁兰摄）

的调查情况基本吻合，而与今天的摆放方式截然不同。就 1914 年石像摆放方式而言，完全看不出它们属于纪念雕像还是石像生。

那么，1914年霍去病陵墓石像的放置方式，与汉代的原貌又存在多大距离？1933年，陕西学者马子云亲自踏查霍去病陵墓石像。根据他的调查，霍去病陵墓石像体量巨大，要想移动并不容易。他推测，这些石像从汉代以来，位置并未发生改变，一直竖立在封土上，只是封土脚下很多石像倾倒堆积在一起，显然被移动过。马子云注意到，这些石像大多“薄而高”，怀疑它们原本也放置在封土之上，后来倾倒滚落。而这些石像倾倒滚落与明朝嘉靖三十四年的关中大地震有关。马子云的这个推测应当是合理的，明朝嘉靖年间的关中大地震，被灾害史学界认定为我国有文字记载以来，震级最大、破坏最严重的一次地震。史书记载，地震造成陕西、山西、河南三省受灾，死亡人数仅有姓名可查的就达83万人，实际死亡人数应当接近100万。这次地震也给关中地区的文物古迹造成严重破坏，现在声名显赫的陕西省扶风县法门寺塔就是在这次地震毁坏的。西安市区小雁塔塔顶的裂缝，据说也是这次地震造成。所以这次地震导致某些霍去病陵墓封土上的石像滚落，也是很正常的现象。

上面讲了那么多，主要的意思不外乎一个，在汉武帝时期霍去病陵墓完工时，包括“马踏匈奴”在内的所有石像，都是非常凌乱地放置在封土上。如此随意的摆放方式，究竟想表现怎样的意义？我想司马迁对霍去病陵墓的一个描述，正是解开这些石像摆放方式的关键。《史记·卫将军骠骑列传》有如下的文字：“天子悼之，发属国玄甲军，陈自长安至茂陵，为冢象祁连山。”汉武帝是以祁连山的形象去营造霍去病陵墓的封土。霍去病陵墓的封土不仅仅是一座坟丘那么简单，更重要的是带有祁连山的意象。

祁连山的意象与这些石像又存在怎样的关联？在回答这个问题

之前，我们先介绍一类极具汉代特色的器具——博山炉。秦汉时代的人们在居室中，往往要焚香，其目的是为了改善居室内的气味，同时驱赶蚊虫，因而香炉是必不可少的生活日常用具。而汉代的工匠，制作了一种将实用性与艺术性完美结合的香炉——博山炉。这种香炉的炉盖被制作成峰峦的形象，在峰峦之间布置有散烟的孔道，每当焚香时。烟雾透过孔道散透出来，从而营造出一种“仙山云雾缭绕”的梦幻意境。此类博山炉目前在全国各地均有发现，材质以陶质、铜质为主。通过观察这些博山炉实物，可以看到其山峦的形象表达较为抽象，有时不经提示，很难立刻将其与峰峦联系起来。如何让“观者”理解制作者的“艺术表达”，这也是汉代工匠所要考虑的问题。

为了解决这个难题，汉代的工匠们想到了一种非常巧妙的方式，就是在抽象的峰峦之间，制作一些小巧的动物形象。任何一个看到这些动物形象的人，哪怕是几千年后的我们，都会心领神会地意识到，动物们奔跑跳跃的，正是连绵起伏的群山。让我们以一件“国宝级”的博山炉——河北省满城汉墓铜错金博山炉——为例。满城汉墓的墓主人是西汉景帝的儿子中山靖王刘胜，既是汉武帝的兄弟，也是后来三国蜀汉创立者刘备的先祖，在当时算得上地位显赫的人物。从很多满城汉墓出土青铜器的铭文可以知道，这些铜器原本是皇帝和皇太后使用的器物，后来被赏赐给刘胜。这件铜错金博山炉极有可能也是汉武帝使用过的器物，其制作水准堪称“美轮美奂”。在这件博山炉炉盖所呈现的“峰峦”之中，便可以清楚地分辨出虎、猴、鸟等禽兽形象。与满城汉墓博山炉制作水准相媲美的，还可以举出发现于茂陵陪葬墓的铜鎏金博山炉，这件博山炉在炉盖所表现

图 3　河北满城汉墓铜错金博山炉

的峰峦中同样镶嵌了诸多动物和神兽。所以即便这两件博山炉的外观，在今天的观念中，更类似于“奥运火炬”，或冰淇淋，但是当你看到这些动物、神兽，绝对不可能把它与火炬或冰淇淋联系起来，而会立刻想到这是一组峰峦叠嶂的群山。

类似的做法，还可以举一件在四川地区发现的汉代画像砖。这件画像砖在中国古代科技史上可谓非常大名鼎鼎。因为画像砖上描绘了汉代四川地区井盐开采和提炼的场景，生动展示了汉代四川地区井盐生产的基本程序。不过，我让大家看这张画，不是去留意里面的井盐生产，而是注意盐矿和炼盐作坊所处的周边环境。不论是盐井，还是炼盐作坊，都是修建在山里。我们看到汉代的工匠为了呈现山间的意象，在山丘上描绘了很多虎、鹿、猴、鸟，还有猎人追逐鸟兽的场景。我们不妨想想一样，如果没有这些点缀的动物，谁会知道这些三角形的图案表现的是山的意象呢？

图 4　四川地区发现的汉代画像砖

从博山炉和画像砖可以发现，汉代的人们为了呈现山的意象，往往会配合诸多动物形象，共同营造一幅山间景观。所以霍去病陵墓封土上杂乱无章摆放的石人、石兽，真正的目的是要营造封土是祁连山的意象。我们可以设想，汉代人们路过霍去病陵墓，遥望封土上的石人、石马、石虎，立刻能够想象到，这并非一座坟丘，而是一座“山”。当他们走到封土前，看到“马踏匈奴”石像和持弓的石人，也会意识到这座山是墓主人生前曾经作战的战场。

所以我想说，脱离了霍去病陵墓封土和其他石像，单独讨论“马踏匈奴”石像的纪念意义，这是一种现代人凭借现代观念对古代文物的曲解，是典型的“自说自话”。在汉代人的观念中，包括“马踏匈奴”在内的一系列石像，与陵墓封土配合，共同营造祁连山的“景观”。只有把“马踏匈奴”石像与其他石像，连同霍去病陵墓封土一同去讨论，才有意义。

汉代使用雕像配合营造宏大“景观”，霍去病陵墓石像可不是孤例。汉代在长安城西南，有一座规模宏大的人工湖——昆明池，约在今西安市长安区斗门镇。虽然这座人工湖今天已完全沦为农田，但是根据淤泥堆积，考古工作者仍能大致推算其水域面积在 10 平方公里左右，约相当于两个杭州西湖。关于这座大型人工湖在汉代的作用，魏晋时期的人宣称是用来训练水军，不过这种说法在今天已经遭到学者们的普遍怀疑。学者们倾向认为，昆明池具有保障长安城供水，为长安城周边漕运、灌溉水渠提供水源，以及上林苑游览等多种功能。昆明池究竟作何用途，暂且不做讨论，我们专门谈谈昆明池在汉人观念中的意象。西汉文学家扬雄在《羽猎赋》中称“穿昆明池，象滇河”，明白无误地指出，昆明池所象征的是天上的银河。同样班固《西都赋》描绘：“临乎昆明之池，左牵牛而右织女，似云汉之无涯。”班固感慨：“我站在昆明池岸边，深深感到银河无边无际呀！”可以看到，当年汉武帝命人开凿昆明池，是把它当作银河的。不过，一个汉代人站在昆明池边，若没有导游讲解，他怎么会理解汉武帝如此富有浪漫情怀的想象呢？

其实我们大可不必担心，汉武帝早已想到了。我们回头再看班固《西都赋》，里面有一句“左牵牛而右织女”。什么意思？班固是说，昆明池岸边站着牛郎和织女呐。很显然，湖边的牛郎和织女正起到提示昆明池是银河的作用。当汉代的人来到昆明池，一看到牛郎、织女，立刻会意识到这座大湖象征的可是天上的银河呀。

这岸边的牛郎、织女又是什么形态？莫非汉武帝安排了两个演员，装扮成牛郎和织女，以 cosplay 的形式呈现？魏晋时期有一部叫《关辅古语》的书帮我们回答了上述疑惑。“昆明池中有二石人，立牵牛织女于池之东西，以象天河”。原来这牛郎和织女是石像。这个办法着实好，再也不用担心没有人能整日整夜地扮演牛郎、织女了。

今天的我们非常幸运，居然还能看到汉武帝制作的牛郎、织女石像。在西安市斗门镇原昆明池人工岛遗址上有一尊被当地百姓称为“石婆”的石像。与之相对的西方，即古昆明池湖岸，还有一尊被称为“石公”的石像。一看名字就知道这两尊石像是一男一女，无疑就是当年的牛郎、织女。不过，根据文物工作者调查，当地百姓把两尊石像的性别搞反了，所谓的“石婆”是牛郎，所谓的“石公”是织女。我们看“石婆”，带有明显的牵拉姿态，无疑是牛郎。可是“石公”，面容粗犷丑陋，实在难以跟织女联系起来。原来，这是因为后人把她改造成一尊佛像，面部经过“整容”，所以“变性”成为石公。

我们再举一个汉代使用石像营造景观的实例。西汉长安城西部，有一座汉武帝兴建的建章宫。根据史书记载，在建章宫西北有一座大型人工湖——太液池。太液池又有什么特殊的意象呢？《史记·封禅书》描绘到：“（建章宫）其北治大池……命曰太液池，中有蓬莱、方丈、瀛洲、壶梁，象海中神山龟鱼之属。”司马迁解说，这太液池中有四座人工岛，分别命名为蓬莱、方丈、瀛洲、壶梁。对古代文化稍有了解的人都知道，这是古代传说中位于北海的四座仙岛。显然，这太液池象征的是北海。不过，四个小岛又没有

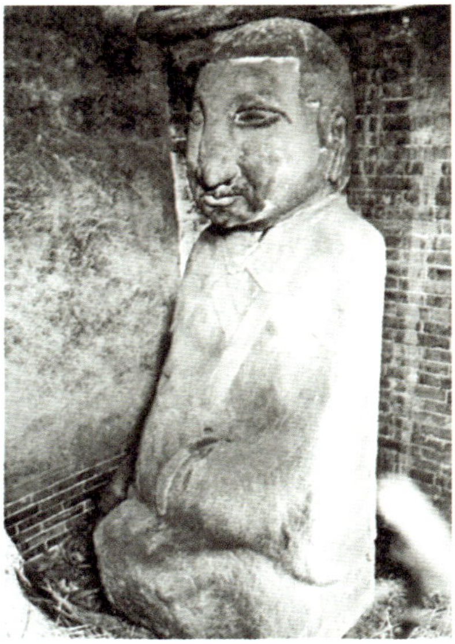

图 5　昆明池上石公、石婆像

竖牌子，即使竖了牌子，距离远了也未必看得到，怎样标识海洋的意象？《关辅记》记载："建章宫北有池，以象北海，刻石为鲸鱼，长三丈。"原来，汉武帝在太液池中放置了一条石质的鲸鱼，凡是看到石鲸鱼的人，都会知道这个大湖象征的就是海洋。这条石鲸鱼也"健在"呢，目前它被从太液池遗址移放至陕西省博物馆门前的水池。

霍去病陵墓、昆明池、太液池周围的石像，都是用于配合营造某种特定的"景观"。用通俗一点的话讲，就是用石像来"造景"。这种使用雕像营造景观的空间艺术，在中国一直被保留下来。大家去看古典园林，在湖中或园中总要叠几块太湖石。叠石头干什么用？大家都知道这是模拟的山峰，因为石头上还要栽种几棵小树，摆放楼亭、动物、人的模型。这些微缩的植物、建筑、动物、人就是用于“造景”的工具。而这种微缩景观艺术发挥到极致，就是中国特有的盆景艺术。小小的花盆中，几株植物，几块石头，再配合微缩的建筑、动物、人物模型，便构成了大自然山川江河的万千世界。汉代“马踏匈奴”石像正是起到同样的“造景”作用。而我们放着盆景、盆栽而不顾，唯独拿出其中的微缩动物、人物模型，大谈特谈其艺术或纪念性价值，会不会感到有些可笑呢？

综上所言，秦始皇十二金人其实是建筑门庭空间布局的装饰物，而“马踏匈奴”石像则是用于营造祁连山景观的工具。秦汉时代的大型雕像都具有极为特定的实用功能，而从来不会独立承担某种宏大的纪念主题，跟我们今天司空见惯的名人雕像、烈士雕像是完全不同的东西。若以演戏作比，今天的纪念性雕像是纪念舞台的“主角”，而秦汉时代的雕像则只是纪念舞台的“道具”。当然，我并不是想说中国古代没有使用纪念物来承载重要纪念主题的做法，而是中国古人对纪念主题的呈现有一套独特的观念。古代中国对重要事件，或重要人物的纪念是通过文字（文章、碑）和画像去呈现的，而不会考虑使用雕像这类具象的物品。本文也没有通过否定中国存在纪念雕像的传统，来对今天流行于各城市的纪念雕像发表评价。使用雕像来承载纪念主题，的确是一种非常直接的表达方式，并不能因为这种表达方式借鉴自西方，就认为它不适合中国。大凡是优秀的文化和发明都值得我们学习和借鉴。

附记：本文对“马踏匈奴”石像的谈论，主要借鉴郑岩先生《风格背后——西汉霍去病墓石刻新探》(收入《逝者的面具：汉唐墓葬艺术研究》，北京大学出版社 2013 年版）一文。

于凯

上海工程技术大学教授。历史学博士。主要从事中国社会历史与文化研究，尤其关注中国古代国家治理、传统中国社会管理思想等。代表作有《战国秦汉的国家与小农》、《从战国农业政策看国家与小农的共生互动关系》、《战国古代国家化进程中的邑落结构变迁》、《中国传统社会保障的历史渊源及其特质》、《战国史》（“细讲中国历史”丛书）等，合著有《趣味历史》、《器之藏：现代考古学视野下的中华古代文明》、《国学经典导读》。

魏晋南北朝——“历史旋涡”中的世族与国家

魏晋南北朝时期这个时段，正好横亘在秦汉帝国到隋唐帝国中间，全称为“三国、两晋、十六国、南北朝”，但这种叫法实在太长了，所以就约定俗成，简称为“魏晋南北朝”。

魏晋南北朝时期，前后延续了四百多年。但它不是一个朝代，而是由一系列地方性政权组成的“乱世”。《三国演义》开篇，有一句话叫“天下大势，合久必分，分久必合”。魏晋南北朝时期，正处于前、后两个“合”（统一）时期中间，是一个持续时间比较长的“分”的时代。

今天演讲的题目是“魏晋南北朝：‘历史旋涡’中的世族与国家”。所谓“历史旋涡”，其实是一个比喻，主要是指这一时期历史无序混乱的情势，就像是历史长河中的一个巨大旋涡或者湍流，激荡翻腾，裹挟一切，使所有人深陷其中，让人眼花缭乱，难辨方向，一时找不到合适的出口。这个比喻，其实是对魏晋南北朝时期的复杂动荡的社会情势的总体特点的一种概括。从历史长时段看，古代中国文明在魏晋南北朝巨大历史旋涡中，经历波折与磨难，也孕育了新的生机，为隋唐帝国开辟了道路。

魏晋南北朝政治的突出特征，是世族政治的活跃。世族，又称门阀，是源起于东汉时期的一批拥有高贵门第、阀阅的名门望族，经过长期的积累，在魏晋南北朝时达到了兴盛，对魏晋南北朝历史进程产生了重要影响。世族与国家之间，存在千丝万缕的联系，既互为依赖，又有所冲突，形成了复杂的交互作用机制，成为影响魏晋南北朝历史走向的关键因素。

两重视角："自内而观"与"自外而视"

中国历史上，除了魏晋南北朝之外，还有另外一个以"乱"闻名的时代，那就是"战国"时代。至少从历史表象看，这两个"乱世"时代有很多相似之处。比如：两者都缺乏稳定的政治统一、都存在着严重的社会冲突与混乱、都面临激烈的兼并战争压力，等等。但细究起来，两者还有一些重要的不同点：

战国乱世，主要是西周春秋以来宗法政治解体与平民政治崛起的结果；而魏晋南北朝，却是以世族贵族政治为主导的；战国之乱，主要的矛盾焦点是华夏文明内部旧秩序的解体与新秩序的自我重构；而魏晋南北朝的乱局，却更多地表现为北方草原文明与中原农耕社会的交互作用，以及由此引发的大范围的聚合反应，有着更多的系统外因素的影响。

对魏晋南北朝历史的理解，通常有两种视角：

第一种视角，传统的王朝正统史观，也就是朝代史的视角。按照这种视角，决定王朝正统性的因素，是来自上天所授之“天命”，整部中国历史就是“天命”（也就是古人所称的“正朔之所在”）在不同朝代之间的转移接续过程，朝代的更迭，就像“糖葫芦串”一样。通常来说，“天命”稳定的时候，就是历史上的王朝统一时期；而历史上的“分裂”时期，则被视为一种“反常”或对“天命”的偏离。按这种观点，魏晋南北朝的政治分裂，正是天命秩序特别“反常”的时期。

按照正统史观的解读，东汉解体后，作为统一秩序象征的“天命”，发生了“非正常”的转移。通常的看法是，汉末政局混乱，最终汉魏禅让，天命自汉传魏；三家归晋，天命自魏传晋（西晋）。永嘉之乱后，晋室南渡，迁都建康（今南京），史称“东晋”，虽然政治中心发生了转移，晋在中原统治也趋于瓦解，但作为王朝正统的“天命”依然在晋室手中。晋室无力统一，只能长期“偏安”江南。其后，刘宋代晋，宋、齐、梁、陈，依次更迭，合称“南朝”。而在被胡人占领的北方地区，先有“十六国”纷争，到北魏时实现了初步整合，但不久又分裂为西魏、东魏，之后，北齐取代东魏，北周取代西魏，合称“北朝”。因为北朝的政权，大多是胡人所建，在持正统史观的人看来，并不是华夏正统，只是算是南朝的“陪衬”。到北朝后期，胡人完成“汉化”之后，才逐渐拥有了可以承受天命的资格。之后，隋取代北周，继而灭陈，实现统一，王朝正朔也就从南方转移到了北方，并为隋唐王朝所继承。

第二种视角，是把魏晋南北朝历史纳入古代欧亚大陆的整体历史时空中，加以审视，强调魏晋南北朝世道之变，不仅仅是中原王朝内部的事情，而是在更为广阔的内亚族群关系中来审视这段历史。这是一种更为宏观的整体性视角。

公元 262 年的欧亚大陆，正值三国时代。在今天中国疆域的核心区域内，有曹魏、蜀汉和孙吴三国鼎立。但如果我们再把视界往上拉一拉，转到欧亚大陆的整体空间，可以看到，三国之外，在北方草原地区，还有很多活跃的人群组织，与魏、蜀、吴生活在同一个场域之中。北方草原势力的存在及影响，是魏晋南北朝华夏文明演进的重要影响因素。这是我们要特别关注的。

美国普林斯顿大学教授，也是上海纽约大学的客座教授狄宇宙，他著有《古代中国及其强邻》，副标题是“东亚历史上的游牧力量的兴起”，所讨论的问题正是古代中国与北方游牧族群之间的交互作用。狄宇宙认为，这本书的中文译名中“强邻”这个词翻译得不好，应该是“强敌”，英文是“strong enemy”。但我觉得，译成“强邻”也许更有意思。因为，北方游牧族人群与中原人群的关系，或敌或友，在不同历史时期有所不同，而且可以相互转化；但邻居关系，却无从选择，无论是敌是友，都是必须面对的一个客观存在。

狄宇宙的书中有一张图虽然是讲宋元时期北方游牧民族与东亚农耕民族之间的交互作用关系，但我们从中可以看出，在蒙古高原及西伯利亚草原这片广阔区域内，游牧民族南下对中国内地局势有重要的影响。这种情况，历史上有好几个波次，魏晋南北朝时期就是其中之一。

除了狄宇宙，还有另外一个人叫拉铁摩尔，也值得一提。拉铁摩尔是一名美国的外交官，同时也是很著名的汉学家，他在抗战时来到中国，曾经被推荐为蒋介石的政治顾问。1937 年，他到过延安，见了中国共产党的领导人毛泽东和朱德。他和毛泽东曾有一番长谈。后来，他建议美国政府，在抗战以后要跟共产党建立直接的联系。拉铁摩尔写了一本书《中国亚洲的内陆边疆》，他关注到亚洲内陆区域，从西北到东北，环绕中国腹地的大片外围区域，对中国历史进程的影响。他认为，要理解中国历史，就要关注到这个广阔的外围区域。他把这叫做“亚洲的内陆边疆”。

狄宇宙和拉铁摩尔的视角，其实就是中国史研究的“内亚”视角。这种视角，关注古代华夏文明与欧亚草原人群之间的交流与互动，关注两者的交流互动对历史进程的影响，等于将中国历史纳入全球史的视域中，加以审视，有助于我们改变原来的狭隘的以中原王朝为历史叙事核心的思路，对于我们了解中国历史变迁的世界性意义以及世界性因素在中国历史进程中的影响，都有很大启发。

客观地说，中原农耕文化与欧亚草原文化的交互作用，并不是魏晋南北朝时期才开始的。早在华夏文明诞生之前，两者之间就有深厚的历史渊源。例如，中国古代的青铜冶炼术和马拉战车技术，考古学家们发现，最早的马拉战车技术，出现在今天的高加索地区，后经过中亚草原地带传到中土。安阳殷墟出土的商代马车技术，就是从草原地区传过来的；商代军事力量强大，跟马拉战车技术的运用有密切关系。青铜冶炼技术，最早发源于西亚地区，后经过中亚草原区域，一路向东传播，进入到中原地区。中国的青铜冶炼技术，青出于蓝而胜于蓝，最终酝酿出了辉煌灿烂的华夏青铜文明。从更广阔的地域视角出发，有助于打破传统视角中有关中国古文明的封闭、保守的“刻板印象”。

魏晋南北朝时期，受到全球气候变冷的影响，北方草原人群逐步南下，对中国腹地的农耕文化造成了严重冲击，引发了中古社会的深刻变化。“内亚史”的视角，为我们理解魏晋南北朝的历史变迁，提供了一个新的时空场域，使我们可以跳出“中原”地区的狭小视界，转而从欧亚大陆的农耕文明与草原文明的人群交互关系出发，讨论这一时期的历史变局，也可以重新评估北方草原地带的游牧族群轮番南下对黄河流域的中原人群组织和社会结构所产生的影响，以及由此引发的多重社会矛盾的“累积”或“叠加”在南、北方地区所引发的影响。这种思路，有助于我们从更宏阔的视角出发，把握魏晋南北朝400余年间的历史“旋涡”的形成、演化过程及其内在机理。

“历史旋涡”：魏晋南北朝乱局的生成

魏晋南北朝的历史“乱局”，以东汉帝国的治理秩序解体为开端。东汉是秦汉帝国政治的历史延续，其政治溃败，既有王朝政治糜烂的内因，也有北方草原外来族群冲击的外因。内外因素的交互作用与叠加共振，导致东汉末年的全面治理失序，引发了魏晋南朝北的漫长乱局。

先来看内因方面：内因方面，是秦汉帝国政治内部治理危机的长期演化的结构。秦汉帝国政治，是一种基于农耕文明的“大地域”国家治理体系。到东汉末期，经过了400年左右的演变，王朝治理体系已是千疮百孔、危机重重。

首先是权力格局的“变异”。主要表现在两个方面：一是东汉王朝的中枢权力结构的“寄生化”。东汉中期以后，皇帝即位时大多尚未成年，王朝中枢权力的实际控制者，通常是皇太后及其娘家人，也就是通常所说的外戚势力；等皇帝年龄稍长，要收回权力，就依靠身边的宦官集团，由此就出现了外戚与宦官交替擅权的问题。宦官、外戚等皇权依附势力，仗势胡为，衍生出了一个“寄生”阶层。皇权不振与宦官、外戚等皇权寄生势力的野蛮生长，导致国家治理中枢严重衰朽。二是东汉地方政治的世家“垄断化”。随着经学与察举制度的固化，东汉末期，在地方政治层面，出现了累世公卿与累世经学的特殊权势阶层——世族。世族以家族利益为导向，对王朝政治有所疏离。在中枢权力不能正常维系的情况下，地方世族的离心力的倾向，更是不断增强，导致国家权威日益弱化。

其次，东汉国家与小农共生互动关系的“变异”。秦汉帝国治理体系的正常维系，是建立在“大地域”集权国家与个体小农经济直接关联的基础之上的。东汉中期以后，随着权贵、世族与地方豪族

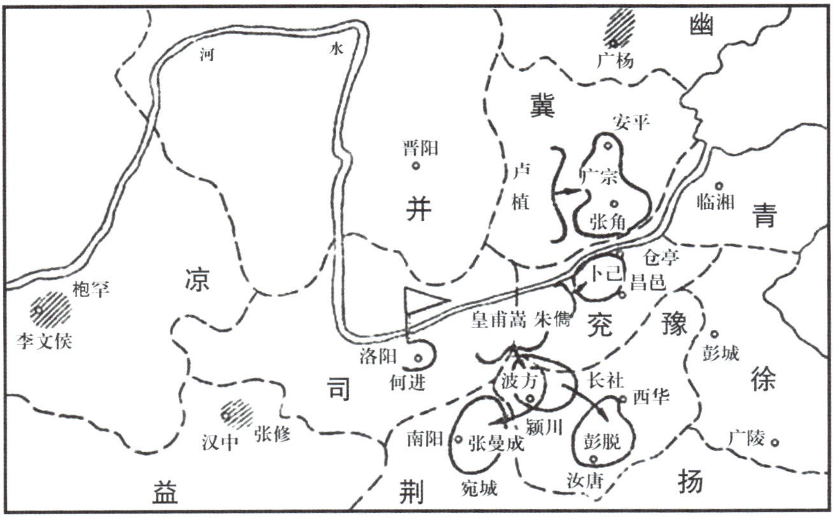

图 1　东汉末年黄巾起义概况图

的势力扩张，土地兼并日趋严重，大量国家自耕农小农转化为豪族的依附农。占田、匿户的现象，时有所见，不仅导致社会贫富分化加剧和阶层固化，也使国家直接控制的自耕农阶层不断流失。而自耕农阶层，恰恰是秦汉国家财政的基础来源。为保证税额，国家只好对在籍农户不断增税，使小农愈加不堪重负，导致更多的小农脱籍，他们或投身寄卖依附豪强世族；或者脱籍流亡，成为居无定所的流民，游离于国家的控制之外。

东汉末年，中枢政治变异与地方治理失效，导致国家能力极端弱化，再加上频繁的水旱灾害，导致了恶性循环，最终催生民变。公元 184 年，民间道教“太平道”领袖张角，领导教众发动了“黄巾起义”，开启了秦汉“大一统”政治解体的“潘多拉盒子”。

为镇压“黄巾起义”，东汉朝廷号召各地组织军队勤王，地方势力纷纷举兵。地处西北的军阀董卓，与羌中豪帅勾连，趁机率军进入中原，控制了帝都洛阳，挟持皇帝，独揽朝政。后又驱使洛阳数百万人口西迁长安，放任部卒大肆烧掠劫杀，使洛阳城周边二百里内尽成瓦砾。此后，东汉陷入长期的军阀混战，各类豪雄逐鹿中原，导致了严重的社会破坏。曹操《蒿里行》诗中所写“千里无鸡鸣，白骨露于野”的惨景，就是这种情景的真实写照。

在汉末军阀混战乱局之中，曹操提出了“唯才是举”口号，广纳各种人才，通过屯田制（军屯和民屯）等有效手段，辅之以灵活机动的战略战术，最终击败了以世家大族为依托的河北袁氏集团，逐步统一了黄河流域，并在魏蜀吴三国竞争中，获得了先机。公元 220 年，其子曹丕逼迫汉献帝退位，代汉称帝，建立了魏朝。但曹魏的胜利果实，很快就被权臣司马懿家族所篡取。公元 265 年，司马炎废掉曹魏皇帝，正式称帝，是为晋武帝。公元280年，西晋灭吴，三家归晋，获得了暂时的统一。但西晋王朝的统一，只是表面上的，仅仅维持了30年，期间还穿插着16年的王朝内乱（八王之乱）。从历史长程看，西晋的短暂统一，可视为东汉帝国的“回光返照”。多年以来积累下来的深层次治理矛盾，不仅没有减少，反而不断加深：

一方面，西晋政权是司马氏家族联合世族大姓结盟篡魏所得，为回报世族大姓及其亲附势力的支持，晋朝对曹魏选举的“九品中正制”进行改革，把选举权集中在司马氏家族所信赖的“大中正”及各级地方“中正”手中，同时又“恢复”五等爵制度，把人才选拔的职级、品级与世族门爵高低挂起钩来，不仅垄断了选举政治，而且巩固了世族大姓的政治地位。同时，晋朝又推行占田制，进一步强化世族大姓对土地、奴婢的占有，强化其经济特权与既得利益。选举、爵制、占田等制度的紧密结合，进一步强化了司马氏皇族及与其结盟的名门望族的权力垄断，使世族政治进一步固化，为门阀政治的任性发展，开启了方便之门。

另一方面，为巩固自身权威，晋武帝司马炎吸取曹魏教训，推行“州郡解兵”，裁撤掉郡国军队，削夺郡国兵权，同时又大量分封同姓子弟为藩王，并以藩王身份出镇领兵，以拱卫皇族。这种制度安排，虽然有助于防范异姓觊觎者对皇位的侵夺，但其负面影响却很大，导致了郡国守备薄弱、中央对地方控制力的下降，也为地方藩王介入中枢内争埋下了伏笔。

西晋统治者的政治短视，在王朝中枢继承人安排方面也有所体现。晋武帝司马炎指定的接班人晋惠帝，天生憨痴，无力治理朝政。史书记载，当时“天下荒饥，百姓多饿死”，晋惠帝闻之，竟问臣下：“百姓没有吃的，为什么不吃肉糜呢？”其荒唐之态如此。皇后贾南风，是权臣贾充之女，素有干政野心，勾结藩王作乱，引发了宗室外戚的内斗，酿成了“八王之乱”。“八王之乱”是一场典型的“窝里斗”，前后持续长达16年之久。宗室诸王相继卷入，彼此间杀伐混战。时人谓之：“自永熙以来，十有一载，人不见德，惟戮是闻。公族构篡夺之祸，骨肉遭枭夷之刑，群王被囚槛之困，妃主有离绝之哀。历观前代，国家之祸，至亲之乱，未有今日之甚者也。”（《晋书·齐王冏列传》）人民流离失所，频受战祸之苦，经济社会也遭到严重破坏，西晋国力被严重透支，王朝濒临崩溃的边缘。

导致魏晋南北朝历史乱局的外来因素，与东汉中晚期以来北方族群（胡族）的持续内迁有密切关系。东汉中期以后，欧亚大陆气候，出现了整体变冷趋势。生活在北方草原地带的游牧族群，迫于生计，开始陆续南迁。在东汉政府尚有治理能力时，这些“内迁”的胡族，通常会被集体安置到边郡的某个区域，成为政府控制的“归附”人口。到东汉末期以后，气候变冷趋势愈加明显，北方草原地区的自然灾害连年频发，胡族“南迁”不断加快。

当时较大的胡族人群，包括匈奴、鲜卑、羯、氐、羌等，逐渐从西北、塞北和燕赵一带的边郡地区，渗透到了关中、陕晋等内地区域。东汉末年军阀混战时，“内附”的胡族，或主动，或被动，多有参与其中。例如：董卓的凉州兵中，就有很多胡人，在董卓率领下占领洛邑及周边，烧杀劫掠，成为当时的一个乱源。曹操统一北方时，利用乌桓人擅长打仗的特点，吸收“内附”的乌桓部落，组建骑兵部队，成为曹军重要的作战力量。

胡人南迁的趋势，到魏晋之际时，已形成了严重的社会问题。据史书记载，当时北方内迁的胡族人数，已达870余万口（《晋书·文帝纪》）。“西北诸郡，皆为戎居”，“关中之人，百余万口，率其少多，戎居其半”（《晋书·江统传》所附《徙戎论》）。由于西晋王朝的错误民族政策，这些内迁的胡族，常常遭受地方官吏的歧视与压迫，进一步加剧了内迁胡族与汉族政权之间的紧张关系。西晋永康年间，西北和北方持续内旱，引发了大规模饥荒与疫病，雍、凉一带的胡汉流民，涌入内地逃难，引发了多场群体冲突。

更要命的是，“八王之乱”时，一些参与变乱的藩王暗接胡族，引为奥援。如成都王司马颖，招引匈奴人刘渊为外援；东嬴公司马腾招引乌桓羯朱部，用来攻击司马颖；幽州刺史王浚，则招引西鲜卑部落进攻邺城；东海王司马越的手下，也有三万鲜卑兵。胡族势力深度参与晋室内乱，激发了他们逐鹿中原的欲望和野心。公元304年，“内附”的南匈奴首领刘渊，乘晋室内乱，打起恢复汉朝的旗号，自称“汉王”，带领匈奴、羯等族的军队，乘势作乱。胡兵所到之处，屠城掠地，杀人如麻。公元311年，胡族军队攻陷西晋都城洛阳，俘获晋怀帝，导致洛京倾覆，西晋灭亡，是为“永嘉之乱”。自此，晋室南迁，北方地区陷入了长达一个世纪的混战割据。魏晋南北朝“历史旋涡”的危机进一步扩散与加重。

东晋——南朝皇权与世族的脆弱“平衡”

永嘉之乱后，中原地区被多个胡汉割据政权所控制，陷入长期、持续的混战之中。中州士女为躲避战乱，纷纷南迁到长江以南地区。中原民众的南迁，一个波次又一个波次，早期主要分布在荆襄地区和南京、镇江、扬州一线，后来又扩展到浙江宁绍地区，再又后来逐渐扩散到了江西、福建、广东等地。这后一波人，成为今天“客家人”的源头。

西晋覆亡后，原来的皇帝被匈奴人掳走。群龙不可无首，偏居东南地区的琅琊王司马睿，在南迁世家大族的扶持下，定都建康（今南京），重建晋王朝，是为东晋。司马睿原来只是一个不起眼的年轻藩王，并没有指望能够登上大统。因缘际会，最终以支裔藩王的身份登上王位，成为东晋的最高统治者。但其资历尚浅，威望也低，影响力也弱，需要倚仗南渡的北方世族豪门的支持，才能立足江南。另一方面，南渡的中原世族大姓集团，也需要借助皇室名义，“挟天子以令诸侯”，才能维持高贵门第、保全家族利益。这样，东晋建立之初，两者就结成了“利益共同体”，极大地促进了世族政治的发展。

东晋时期是世族政治的“繁荣”期。来自北方的高门世族长期主政，皇权则处于相对弱势的位置。东晋初建国，皇室最为仰仗的是琅琊王氏家族。其中，王导在内主持朝政，司马睿称其为“仲父”；其弟王敦，在外统领军务，故当时有“王与马，共天下”之说。除了琅琊王氏外，陈郡谢氏、高平郗氏、颍川庾氏及谯郡桓氏、陈郡袁氏、兰陵萧氏等世族豪门，也是当时政治的主导势力。

东晋政权世族与国家关系非常有特点，是“弱皇权”与“强世族”的“平衡”模式。一方面，世族门阀主政，司马皇室更像是名义上的天子，南迁的北方世族门阀势力才是东晋局势的实际掌控者

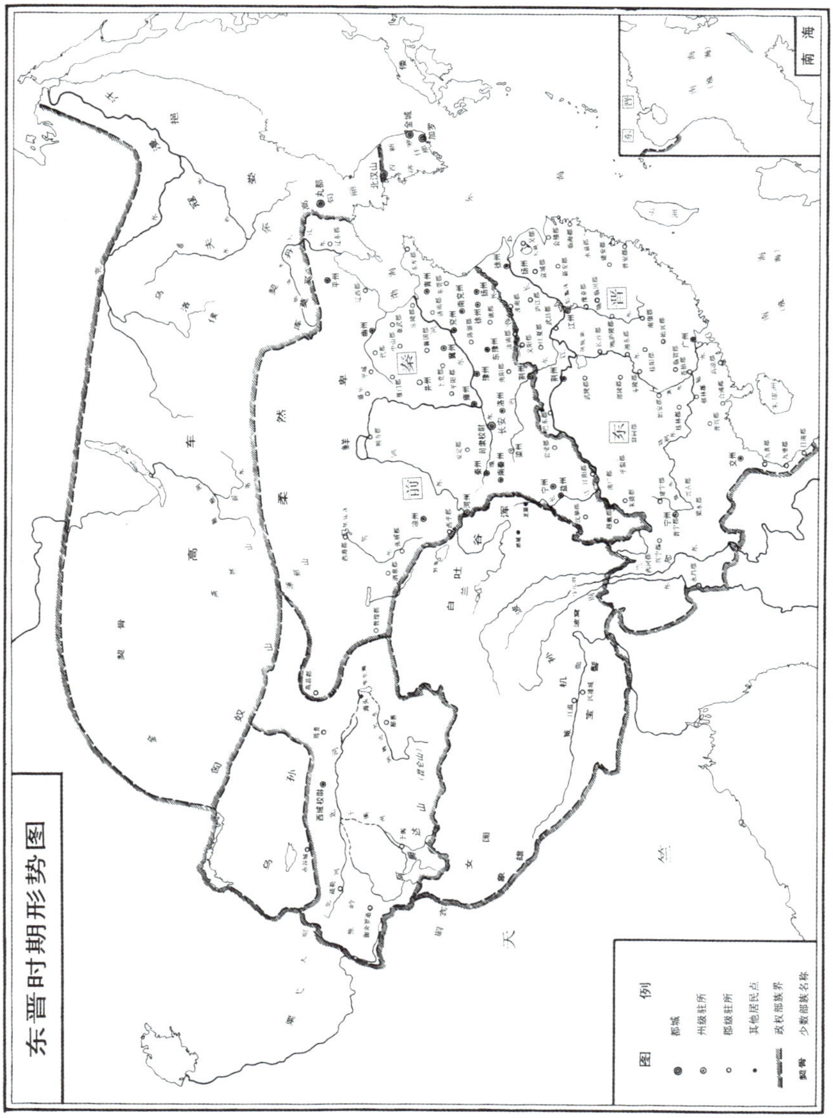

图2 东晋时期形势图

和真正主导者。另一方面，司马氏延续着晋魏禅让而获得的“天命”，又是各家门阀所无法企及的。因此，基于政治合法性，司马氏作为名义上的领导，是各家门阀都要尊奉的。南迁过来的世族贵族毕竟初到新地，立足未稳，也无法独占利益，需要仰仗皇帝支持。事实上，谁能够影响和控制皇帝，谁就有更大的发言权；谁有了发言权，就会有更多的财富，就能维持高贵的门第和血统。东晋的皇帝，以“共主”身份，居间制衡和调整世族之间的内部矛盾，成为世族高门利益的“平衡器”。至于南方吴地的本土世族，虽不能参与中枢，却在当地经营多年，拥有一定的影响力，也是需要安抚和团结的对象。他们通过承认东晋皇权的合法性，换取朝廷对其自身利益与政治地位的认可。

由此，各方势力就达成了一种“默契”与“平衡”。整个东晋历史的一百年间，大体上都是如此。钱穆先生认为，“晋主虽有南面之尊，无统御之实”、“诸门第只为保全家门而拥戴中央，并不肯为服从中央而牺牲门第”(《国史大纲》)，道出了东晋世族与皇权之间的微妙关系。

魏晋前期，世族大族竞相标榜门阀、姓氏和地望，以显示其高贵身份。东晋建立，南迁过来的中原世族，刚开始并没有打算在南方久居，他们认为只是暂时避祸江南，以后还要返回中原故郡。加之察举制度下的选举，是以州郡为单位，按郡望分配名额。为了显示高贵身份与垄断选举利益，他们的户口都没有直接落到本地，而是通过“侨置州郡”的方式，在暂居地配套地“复制”原乡的州郡行政系统。原来是青州的，在这里还是青州；原来是冀州人，在这里还是冀州。如此，就形成了若干北方的侨置州郡，与当地行政区域，形成了重合

“嵌套”的格局。中原世族来到江南，逐渐扩张到绍兴和宁波等地，与当地势力产生了利益冲突，矛盾一度激化，最终酿成了孙恩卢循起义。这场起义，以前的教科书中称作“农民起义”。但起义主导者并不是一般意义上的“农民”，而是当地有势力的地方宗族。他们打着道教旗号，自称是太平道的天师，与南迁的东晋王朝与中原世族大姓对抗。起义持续了数年之久，一度波及岭南地区。

东晋时期的世族门阀，地位优渥，在政治、经济上都拥有很大特权。他们依托晋室，大量占地名田，封山锢泽，广设“别墅”和田庄，以至资财巨万，奴僮数千，享乐奢华，世所罕见。同时又垄断选举，形成了“举贤不出世族，用法不及权贵”的局面。门阀子弟，凭借其门第和出身，初入仕途即是四品、五品；所任官职，也多是职闲廪重、地望清美的“清职”，进而平流进取，坐至公卿。

为了维持门第的优越性，世族高门之间往往互为婚姻，不与寒门子弟通婚，导致社会阶层固化。他们看不起出身寒门者，羞于与之并称同僚。所谓“服冕之家，流品之人，视寒素之子，轻若仆隶，易如草芥，曾不以之为伍”。(《文苑英华·寒素论》) 此外，门阀子弟多以“清高脱俗”为标榜，以“清谈”为事业，鄙视俗务，崇尚雅言，追求精神的绝对放逸与自由。因为地位优厚，经济条件又好，他们有足够的社会剩余时间，从事各种各样的精神活动，或畅游山水之间，或寄情脱俗之艺，带动了魏晋南北朝文学艺术的进步和繁荣。但这种优越舒服的日子过惯了，也使得高门子弟缺乏进取的动力，日渐消磨糜烂。

由于世族高门，任职多事闲禄高，具体的政务通常就由寒门出身的下层人士来做。但寒门子弟任职，却有一个“天花板”，再有能力、再受器重，因为出身不佳，最多也就做到四品五品，就再也不能提拔，政治待遇也无法与世族高门相比，由此，日积月累，逐渐形成了寒门与高门在政治上的“分野”，双方矛盾渐有所积累。

寒门出身的人士，在实务部门多有历练。其中有能耐者，逐渐脱颖而出，在军队及其他实务部门中，掌握了实权。比如，刘宋王朝的创立者刘裕，小名寄奴，出身寒门，起步于北府兵的下级军官，后来因为军功，逐次升迁，渐至参与机要，掌握了国家的兵权。公元420年，握有兵权的刘裕发动政变，推翻晋朝，即皇帝位，国号宋，由此开启了南朝政局。

南朝政治，先后有刘宋、萧齐、萧梁和南陈四朝，前后持续共160余年，大多是禁军首领政变所建。鉴于东晋王室孤微、门阀势盛的教训，南朝皇帝为维护自身皇权和制衡高门世族，往往以宗室子弟掌握军权，守为外藩。但皇室与外藩诸王之间，多有猜忌，常起冲突，以至骨肉相残，政局更迭，各朝维持的时间都不甚长。在中枢权力部门，南朝皇帝多以“寒人掌机要”，带动了寒门势力的崛起；南朝门阀大族，大多尸位素餐，日渐没落，但其门第地位和生活风尚的影响仍在，寒门人士想跻身世族，也往往难得其门而入。

最终对南朝世族造成沉重打击的，是公元548年的“侯景之乱”和公元554年西魏宇文泰攻占江陵事件。

侯景，原来是东魏的大将，长期镇守江淮，很有势力。后来，新皇帝即位，侯景不受待见，就主动联络南朝，准备归顺。由于侯景控制着今河南、江苏、安徽的大片地区，南朝梁武帝萧衍听说后，非常高兴，就接纳了侯景，命其为大将军，封河南王、都督河南北诸军事、大行台。但侯景投靠南朝没多久，就被东魏军队击败，只得率800余名残兵逃到寿阳（今安徽寿县）。

东魏打败侯景后，向梁朝抛出橄榄枝，让俘虏萧渊明写信给梁武帝，声称若梁国交出侯景，便可放还萧渊明，两国重归于好。萧渊明是梁武帝的宗亲。梁武帝见信后，情绪激动，竟然答应了东魏的要求。侯景初入梁时，想攀附高枝，请梁武帝做媒，求婚于王、谢名门。但梁武帝嫌其门第不够，就拒绝了。侯景因此心怀怨念。梁武帝养子临贺王萧正德，久蓄异志，得知萧渊明信后，主动与侯景联络，秘密给他情报，并派船数十艘，接侯景渡江。548年十月，侯景以“清君侧”为名发动叛乱，率人渡江，攻入建康（今南京），继而围困台城（宫城）。次年五月，五月初二梁武帝萧衍活活饿死于台城。皇太子萧纲即位，是为简文帝，侯景任丞相，掌握实权，自封为“宇宙大将军”、“都督六合诸军事”，派军攻掠三吴地区。

侯景之乱，持续约4年之久，江南遭受了严重的破坏。史载，侯景攻陷建康，“纵兵杀掠，交尸塞路，富室豪家，恣意裒剥，子女妻妾，悉入军营。及筑土山，不限贵贱，昼夜不息，乱加殴棰，疲羸者因杀之以填山，号哭之声，响动天地。……破掠吴中，多自调发，逼掠子女，毒虐百姓，吴人莫不怨愤”。号称富庶的三吴之地，经历侯景之乱后，变得“千里绝烟，人迹罕见，白骨成聚如丘陇焉”。(《南史·侯景传》)

侯景之乱，对南朝世族给予了致命打击，建康及附近地区的士族子弟被杀、饿死者无数，士族门阀遭遇灭顶之灾。“中原冠带，随晋渡江者百家，故江东有《百谱》；至是，在都者覆灭略尽。”（颜之推《观我生赋》自注）。陈寅恪先生认为，“侯景之乱，不仅于南朝政治为巨变，并在江东社会上，亦为一划分时期之大事”。可见，侯景之乱，对南朝世族阶层的空前打击，可视为南朝政治—社会转型的“分水岭”。

侯景之乱结束后不到两年，公元 554 年，西魏宇文泰派军队南下，又一次攻陷江陵，俘虏南方衣冠士族数万口，驱入长安为奴婢，对南朝世族再次予以重击。公元 589 年隋文帝杨坚灭陈，统一全国。“旧时王谢堂前燕，飞入寻常百姓家。”昔日繁华竞逐的江左世族，至此已全然寂落。

“十六国”——北朝的“胡化”与“汉化”

西晋灭亡以后，北方地区进入了“五胡十六国”的混乱时期，大约持续 100 多年。

所谓“五胡”，是指当时南迁至黄河流域的五个重要胡族，分别是：匈奴、鲜卑、羯、羌、氐。他们分别来自不同方向：匈奴，主要来源于北方蒙古高原一带；鲜卑，发源于东北大兴安岭和呼伦贝尔草原一带；羌和氐，大体上在今天西北的甘肃、青海一带。当然，还有其他族群混杂其中。

所谓“十六国”，是指西晋解体后，北方地区出现的多个胡族政权。北魏史学家崔鸿，选取其中的十六个政权，撰写了一部史书，取名《十六国春秋》，于是就称为“五胡十六国”。概括起来，十六国大致包括：五“凉”（前凉、后凉、南凉、西凉、北凉，主要在今甘青地区）、四“燕”（前燕、后燕、南燕、北燕，主要在今冀辽蒙交界的燕山地区）、三“秦”（前秦、后秦、西秦，今陕西关中地区）、两“赵”（前赵、后赵，今晋冀交界地区），再加上北方的胡

"夏"和氐人在成都平原建立的"成汉"。

这十六个地方割据政权，并不见得一开始就独立建国。因为自秦汉帝国以来，逐渐形成了这样一种理念，要当合法皇帝，得有上天授权，并履行相关手续（如"禅让之礼"）。十六国政权初建时，大多起于乱世之秋，没有合法手续。为了维护政权正当性，甚至有一些北方割据政权（当然不是全部），还会遥尊东晋皇帝为天子，派使者到东晋讨封号，以此来表明其统治合法性。只有等到羽翼丰满之后，才肯打出独立国号，与东晋分庭抗礼。

"五胡十六国"的兴替相当混乱。大体上，以公元383年的淝水之战为限，可分为两个阶段：前一阶段，多个胡族政权并存、竞争，最终为氐族所建立的前秦所统一。但淝水之战后，前秦苻坚败亡，北方重又陷于分裂。政局纷乱、动荡较以前更甚，直到拓跋鲜卑族所建的北魏政权初步统一北方。

十六国时期，受连年战争影响，中原地区形成了大规模的跨地域人口迁徙。其中，不但包括西北、北方和东北的胡族内迁，然后建国；也包括中原汉族的外迁，这是两个交互作用的过程，由此导致北方族群结构日渐复杂。

中原汉族的外迁路线，大致有三个方向，一是中州士女"衣冠南渡"，追随晋室，迁到南方的长江流域。二是迁往西北凉州（今甘肃、青海一带）。当时，凉州的主政者是汉族大姓张轨，他先被晋朝封为凉州刺史，后又封西平公。张轨主政凉州期间，课农桑、立学校，培养人才，多所建树，保持了相对稳定的政局，陕西、河南一带的汉人，很多就迁到凉州去了。黄河下游地区的汉族居民没有办法西迁，有一部分就向东北迁徙，迁到了今天的辽西和冀东北一带。

此地的四个“燕”政权，政治也相对稳定，吸引了大量汉人前往投靠，为管理方便，它们还专门设立一类行政区域，采用汉人管理模式。还有一些没有来得及迁徙的中原汉人，为了在混战中生存下来，就纠合宗族力量，避居山野地带，筑坞堡以自卫。北魏前期，面对遍地坞堡，统治者就顺水推舟，承认坞主所享有的权利，并在一些地区将坞主改造成国家的地方政权，形成了“宗主督护”制。

魏晋南北朝时期，北方人群的融合机制，涉及胡汉之间的多重关系，与南方不一样；北方的国家与社会互动关系，也与南方有别。

大致来说，五胡十六国时期，北方胡族内迁所建立的国家，带有不少的胡人传统，军事攻击力都比较强，但其组织形态都比较简单，管理上也比较粗放，不能很好地适应中原农耕社会形态，文化上也显得粗蛮。要在黄河流域立稳脚跟并有所发展，仅有强悍军队是不够的，还需要有政治和文化的资源。这样，就需要一批懂得华夏政治文化的、有知识的汉族士人的辅佐和帮助。而北方汉人中，也有一些读书人，了解古往今来的故事，懂得礼法治国的知识，这就为胡人政权与汉族士人的合作，奠定了基础。

十六国时期的胡人政权，比较发达或者维持时间较长的，大多都有汉文化或者汉人知识分子的影子。比如，匈奴人首领刘渊，本人就是一位深受汉文化熏陶的“汉化”胡人；后赵的创立者石勒，年轻时曾被贩卖为奴，是个不识字的“大老粗”，但他一有空闲，就喜欢让人读《史记》给他听。前秦的首领苻坚，少时即拜汉人学者为师，潜心研读经史典籍；即位后，任用汉族士人王猛，对王猛给予充分的信赖。王猛力推改革，在前秦国家政治、经济建设等方面，发挥了很大作用。没有王猛的辅佐，苻坚是不可能统一北方的。这种情况，充分说明汉族人士在胡人政权中的重要作用。

北魏时期的胡汉关系，有了进一步的发展。北魏是拓跋鲜卑建立的胡人政权。拓跋鲜卑发源于大兴安岭地区，后来进入中原，并逐渐统一北方。北魏的壮大，同样离不开对汉族士人。例如，汉族士人崔浩，出自清河崔氏，自比张良，历仕北魏道武、明元、太武三帝，官至司徒，是北魏太武帝的最重要谋臣，对促进北魏统一北方，发挥了极大的作用。崔浩所在的清河崔氏家族，在北朝也非常有影响力，直到唐初，定“氏族谱”，清河崔氏仍位列全国第一。

北魏孝文帝拓跋宏，精通儒家经义与史传百家。他24岁亲政后，重用汉族士人，力行全面汉化改革，这就是“北魏孝文帝改革”。孝文帝改革，是北魏国家“汉化”的重要转折点：一方面，他任用南朝降臣王肃，模仿汉族王朝的礼仪，构明堂、建太庙、正祀典、迎春东郊、亲耕藉田等制度，并祭祀舜、禹、周公、孔子，养国老、庶老；又仿照汉人官制，拟定官品，考核州郡官吏。同时，力推均田制、三长制和租调制，以增强国家的经济汲取和社会控制能力。最重要的，孝文帝坚持把北魏都城，从平城（今山西大同）迁到天下之中的洛阳，同时还命令鲜卑贵族改汉姓、说汉话、穿汉服，与汉族大姓通婚。这一系列的改革措施，极大地带动了北魏政权的“汉化”，也进一步强化了北魏国家能力。

通常来说，魏晋南北朝时期，北方胡人的强项在于军事，汉人的强项是文化。乱世之秋，军事能力非常重要；但治国理政，要靠制度建设与意识形态建设，相关文化资源只能从汉族士人那里获得。而北方胡族统治之下的汉族士人，迫于形势，选择与胡人政权合作，也是乱世生存之必须。两种文化的融合过程，存在剧烈的文化冲突与利益矛盾，政治冲突也时有所发。这样的例子很多。如：王猛辅佐前秦苻坚，苻坚对王猛非常信赖，但其他氐族贵族却牢骚满腹，极为不满，甚至当众表现出对王猛的蔑视。再比如，崔浩辅佐北魏三代皇帝，位极人臣，功劳极大，但却因为修“国史”事件，而招致杀身之祸。这些都透露出北朝汉族士人与胡族权贵之间的内在紧张关系。还有一些史料表明，当时寄身胡族的一些汉族士人，心理上往往较为“排斥”，对自己的经历显示出某种“回避”心态。总的来说，魏晋南北朝北方的士族与国家关系，较之南朝，大致是一种胡汉之间的“合作”—“疏离”的脆弱平衡。

分久必合，万川汇流

魏晋南北朝时期的南北方的关系，非常微妙，也有一个逐渐演化的过程。

“永嘉南渡”之际，晋室虽偏安江左，但依然是“正朔之所在”，有着很强的政治优势。在制度文化领域，也比北方“十六国”胡族，要更胜一筹，具有很强的意识形态优势。

但东晋政权作为西晋王朝的延续，缺乏创新活力，也缺乏创新动力，政治内耗严重。皇族势弱，世族坐大，其心不一。掌握兵权的王敦、桓温等人，或拥兵自保，借机扩展势力，或受到南迁世族集团的猜忌和掣肘，致使多次北伐最后都无疾而终。到了南朝时期，皇朝、世族与军事将领之间的关系更加紧张，彼此猜忌，时有政变，缺乏稳定秩序，更不要说国家竞争能力了。

北方的少数民族政权，军事能力强，政治能力弱，文化上也显得粗陋，但更像一个新生的小孩，精力旺盛，富有生命力和学习能力。在北方士人的参与下，受到北方古文经学为代表的儒家政治文化的熏陶，逐渐从原来的部族国家转化为新型的成熟国家。特别是经过北魏“汉化”改革后，国家能力建设也日渐加强。由此，南北异势，南北对立的政治天平，逐渐向北方倾斜。

孝文帝的汉化改革，极大地促进了北方胡族政权的国家化进程。但也有一定的负面影响，主要是迁都洛阳后，原来留守平城一带镇守边境六镇的鲜卑国族平民日渐困顿，再加上北魏后期派遣刑徒驻守边镇，导致六镇驻军政治地位直线下降，最终酿成了六镇起义，致使北魏解体，分裂为东魏和西魏。这是北朝民族融合进程中的一个插曲，但整体历史趋势，却是不可避免的。之后，东魏、西魏分别为北齐和北周所取代，但北方国家的“汉化”进程，仍在持续。特别是北周宇文泰，任用汉人苏绰，以《周礼》为模板，推行府兵制改革，进一步强化了国家能力；同时，又以鲜卑姓赐汉人，胡汉民族进一步融合，北方的社会机制也得以重塑。这就为隋唐帝国的建立，准备了充分的政治的和社会的条件。

魏晋南北朝的历史变迁轨迹告诉我们，这个时期的重重波折和险阻，也是一次更高层次上的文化融合与社会融合进程。其间，每一次融合都有新的因素加入。华夏文明最为人称道之处，就是有能力将这些新的东西消化，再将其转化为历史前进的动力，为后世开创新局面。在经过魏晋南北朝400余年的漫长历史旋涡后，最终冲破险阻，浩荡江河，顺流而下，迈向历史新起点。而这一点，正是中华文明数千年来绵延不绝、生生不息的内在活力之所在。

魏晋南北朝历史给我们的重要启示，正在于此。

孙英刚

普林斯顿大学博士，现为浙江大学历史系教授、博士生导师、东亚宗教文化研究中心主任。兼任五台山国际研究院副院长、中国魏晋南北朝史学会理事、“国际佛教与中国宗教研究丛书”主编。多次受邀在欧美、日本以及台湾地区的大学和研究机构开展学术讲座和课程。围绕中古知识和信仰与政治世界的关系、中古佛教史等主题发表论文 80 多篇。

佛教与隋唐文明

隋唐被称为中国历史上的黄金时代，杜希德等将其描述为“世界主义”的文明，气贺泽保规称之为“绚烂的世界帝国”。在其淳厚博大、开放包容的精神气质下，我们看到佛教在其中扮演的角色。不论是充当精神的家园，还是对政治、社会的影响，佛教都在隋唐文明中扮演着重要角色。从首都长安到帝国边陲，从历史舞台的中央到沦落社会边缘的人群，几乎都可以接受佛光的照耀。通过几个历史断片，我们或可窥见佛教对于隋唐文明的意义。

一、桓娑（Hamsa）与大雁塔的得名

经历千年风霜、至今矗立在西安的大雁塔，也曾经俯瞰着隋唐长安那座历史上的伟大都市。它是中国中古时代带有强烈世界主义（cosmopolitanism）色彩的辉煌文明的见证者，也是佛教在亚洲兴起

与传播这一世界脉络的重要地标。它的建立，在某种意义上是中土的长安崛起成为新的世界佛教中心的象征；同时，从这里出发，佛教横渡东海，将佛光洒在日本列岛上。它的宗教、思想、文化意涵，以及在整个人类文明起伏演进中的意义，清晰地刻画在历史的记忆里。不过，历史记忆又是如此的脆弱，以至于我们至今说不清楚为什么这座伟大的佛塔叫做"雁塔"。虽然名无固宜，约定俗成谓之宜，但"大雁塔"之得名，背后却很可能存在被历史记忆所湮没的信仰与思想情节，而这些情节，将有助于我们理解佛教文明和中古中国文化本身。所以，本文看似讨论的是雁塔，实际上讨论的是佛教的域外思想因素和中国文明的关联性，而这种关联性可能在以往被忽略了。

大雁塔的得名，目前最为学界认可和大众称道的，是玄奘《大唐西域记》所记其在印度所闻僧人埋雁造塔的传说。但是大雁塔得名甚晚，并非在建塔之初就命名为"雁塔"，而是后人追加命名的。玄奘本人并没有把这个塔叫做雁塔。翻检初盛唐诗文、佛教文献、官方文书等各类史料，这座佛塔大多被叫做"慈恩〔寺〕塔"、"慈恩寺浮图（屠）"，比如杜甫《同诸公登慈恩寺塔》诗、韩愈《长安慈恩塔题名》文、高适《同诸公登慈恩寺浮屠》诗等。其实，"雁塔"作为一种对佛塔的描述性文字，在唐代非常普遍。比如初唐四杰之一的王勃，在其文字中不厌其烦地用"雁塔"描述各个寺院的佛塔，比如《梓州元武县福会寺碑》云："都人狎至，瞻雁塔而欢心；野老相趋，寻鹿园而顿颡。"卢藏用《景星寺碑铭》也用"雁塔分身，初疑踊出；蜂台合势，更自飞来"来形容景星寺佛塔。敦煌写本 P.3445 是一篇咏赞法门寺真身舍利的五言诗。《偈》诗中称法门寺真身舍利塔“神光分皎皎，雁塔起巍巍”。如果解释为什么慈恩寺大雁塔被叫做“雁塔”，可能要解释的不是单个的塔为什么叫做雁塔，而是为什么“雁塔”在中古时代被广泛用于描述佛塔。

中古时代称佛塔为“雁塔”，其根源性的原因，在于“雁”（桓娑，hamsa）和佛教的密切关系。这个与佛教教义密切相关的圣鸟被介绍到中国并被逐步融入汉文语境的时候，“雁”成了它的主要翻译。如果 hamsa 的原型是雁，那么现在矗立在西安的大雁塔，更好的英文翻译就是“Anser Pagoda”，而不是“Wild Goose Pagoda”（野鹅塔，“鹅”在英文里带有蠢笨、言过其实的意思）。当然最好的翻译应该是“Hamsa Pagoda”（桓娑塔），“雁”最初就是从“Hamsa”翻译过来的。

桓娑是吠陀时代主神梵天（Brahma）的坐骑，在印度教里它象征着梵天。在印度哲学和文学中，大多数情况下，桓娑代表着个体的灵魂或者精神。在佛教中，Hamsa 的飞翔象征着跳脱六道轮回（samsara）。桓娑作为一种精神符号和装饰元素，在印度和东南亚被广泛使用。在犍陀罗艺术中，桓娑也常常出现。在许多佛教艺术中，桓娑跟释迦牟尼佛的形象连在一起，也用来象征佛法的神圣；更多的时候，其出现在跟佛陀舍利供养有关的器物上，比如舍利容器、佛塔等，显示它跟跳脱六道轮回、涅槃等主题有关。现在，让我们沿着丝绸之路回到犍陀罗，寻找大雁塔的思想和信仰的根源。

1. 塔克西拉（Taxila）

1861 年，在塔克西拉出土了一个圆形的石质罐子，在罐子里发现了一件水晶制成的、桓娑形状的舍利容器。同时出土的还有一件大约 3 英寸长、带有铭文的金叶。其铭文云：“Sira 在桓娑（形的容

图 1　大英博物馆藏桓娑形水晶舍利容器

器）中保存一片佛祖的舍利，〔以此功德，〕祝愿父母获得〔更好的〕重生。”这一水晶舍利容器显然和佛教的舍利信仰有关，而舍利容器的造型选择桓娑，也清晰地解释了桓娑作为重要佛教信仰符号的意义。

2. 毕马兰（Bimaran）

1833 年到 1838 年左右，英国探险家在阿富汗的贾拉拉巴德（Jalalabad）西部毕马兰村（Bimaran）的一座佛塔遗址中发掘了一个镶嵌红宝石的金制舍利盒。时代比较可能属于公元 1 世纪前后。其铭文的大体意思是：“Mumjavamda 之子 Shivaraksita 的神圣供品，以众佛之名，供奉佛陀舍利。”在毕马兰舍利函的上部，在每个连拱门之间，都刻画了一只伸展翅膀的类似雁的鸟，若结合其他舍利容器，我们可以推断，这里展现的依然是桓娑。桓娑在这里的意涵，应该跟其他地方出土的舍利容器上的符号一样，代表着跳脱六道轮回等佛教教义。

图 2　大英博物馆藏毕马兰舍利函

3. 白沙瓦（犍陀罗故地、贵霜旧都布路沙布逻 Purusapura）

1908 年 9 月和 1910 年 11 月，斯普纳（D.B. Spooner）博士带队在白沙瓦郊外的 Shāh-ji-Dherī 发掘了雀离浮图的遗址，从塔基底座正中的地宫中发现了迦腻色伽舍利容器。其佉卢文铭文包含的主要内容是："为了接受说一切有部（Sarvāstivādin）诸师，此香函为迦腻色伽大王（Mahārāja）供养的功德礼物……在迦腻色伽城（Kanishkapura）。以此功德祝愿众生福德圆满……"这一舍利函的盖子边缘装饰了一圈飞翔的桓娑，象征着从六道轮回中跳脱，这也是佛教的一种最基本的理想。有一些桓娑嘴上噙着象征胜利的花环。

4. 于阗

桓娑作为重要的宗教符号，也出现在于阗。美国纽约大都会博

图3 迦腻色伽青铜舍利函

物馆所藏编号为 30.32.8 的彩色浮雕，表现的是带有花冠状尾翼的桓娑，属于公元 6—7 世纪的于阗王国。这块带有桓娑形象的浮雕，是一座佛教寺院内部墙壁装饰的一部分。大都会博物馆同时也保存了这块桓娑浮雕上面的边缘装饰物，可以确定，这桓娑并非仅有一只，而是如其他佛教遗迹所见的桓娑一样，是一长串圣鸟中的一只。这一长串的桓娑，很可能是围着四面墙壁的下沿，划出一个神圣的宗教空间。对佛教寺院而言，桓娑所代表的佛教意涵，应该和中亚出土的舍利容器、佛陀雕像上的桓娑是一致的。武则天撰写的《大福先寺浮图碑》记载了于阗佛教装饰对洛阳大福先寺佛塔的影响："于阗香像，尽写龙龛；舍利全身，咸升雁塔。"

从印度本土，到大乘佛教兴起的犍陀罗地区，桓娑作为跟佛陀、涅槃、重生、舍利供养等佛教意涵紧密相联的符号和形象，沿着丝绸之路一路东进。一方面体现在佛教艺术和建筑上，不论是佛教雕塑、壁画、舍利容器，我们都看到了桓娑成行飞行的形象；另一方面，作为重要的概念，"桓娑"被翻译为"雁"进入中土佛教的话语系统，佛塔（塔的本意就是坟墓）作为保存佛陀舍利的神圣空间，如舍利容器一样，也就被冠以"雁塔"的名称。这一名称，并不为西安大雁塔所专有，也跟具体的某个僧人无关，它所植根的，是佛教最基本的信仰和思想传统，闪耀着中外文化交流的光芒。

二、七宝：统治神圣化标志

佛教在亚洲大陆的兴起与传播，不惟是宗教信仰的传入与传出，也是政治意识形态的冲突与融合。佛教对世俗君权有自己的一套观念和看法，其传入中国之后，在中土"天子"观念之外，为世俗统治者提供了将自己统治神圣性和合法化的新理论，在中古时代的政治史上留下了深刻的痕迹。与中土植根于天人感应、阴阳五行思想、强调统治者须“顺乎天而应乎人”的君主观念相比，佛教对未来美好世界的描述，以及对理想的世俗君主的界定，都有其自身的信仰和思想背景。尽管佛教王权的传统并没有在中国历史上形成长期的、占据主导地位的影响，但是大乘佛教有关救世主弥勒和理想君主转轮王的观念，从魏晋南北朝到唐代数百年间，曾经对当时中土政治的理论和实践都产生了重要的影响。这些影响包括政治术语、帝国仪式、君主头衔、礼仪革新、建筑空间等各个方面。

武则天的七宝，实际上揭示的是佛教的政治意识形态，而这种佛教的政治意识形态，也曾经被亚洲许多文明体都共同接受并付诸实践，可称之为“共享的意识形态”（shared ideology）。从这个角度讲，武则天利用佛教宣扬自己的统治合法性并不特出，不但在中国中古的历史脉络中不特殊，而且也仅仅是当时佛教世界普遍使用转轮王来解释王权这一潮流中的一环。

《资治通鉴》记武则天长寿二年秋加尊号“金轮圣神皇帝”云：

〔长寿二年（693）秋，九月，丁亥，〕魏王承嗣等五千人，表请加尊号曰“金轮圣神皇帝”。乙未，太后御万象神宫，受尊号，赦天下。作金轮等七宝，每朝会，陈之殿庭。

《新唐书》卷七六《后妃上·高宗则天武皇后传》对“七宝”给出了更加详细的描述：

太后又自加号金轮圣神皇帝，置七宝于廷：曰金轮宝（梵文：cakra），曰白象宝 (hasti)，曰女宝 (stri)，曰马宝 (asva)，曰珠宝 (mani)，曰主兵臣宝 (parinayaka)，曰主藏臣宝 (grhapati)，率大朝会则陈之。

为什么武则天给自己头上加上“金轮”头衔？实际上，“金轮”（cakra）就是转轮王的七宝之一，而且是最为重要的一宝，既是转轮王摧毁敌人的利器，又是标志转轮王身份的礼器。所谓“君生人者，在乎宝位，守宝位者，在乎灵符”，用中土政治观念来度量，金轮如中土天子的九鼎、印玺一样，是其统治神圣性的标志。九鼎与天命相连，七宝与转轮王的身份相连，代表的不同的政治传统。武则天头衔中的“金轮”和其陈列在朝会上的“七宝”，是象征其作为佛教理想君主的装置和符号，而且完全符合佛经中对转轮王的描述。

正因为武则天通过官方仪式将自己定位为佛教转轮王，七宝作为带有强烈政治意涵的概念，也就频繁地出现在武周政权的政治宣传中。比如武则天天册万岁元年（695）大唐天后敕佛授记寺沙门明佺等撰《大周刊定众经目录序》云：“我大周天册金轮圣神皇帝陛下，道着恒劫，位邻上忍。乘本愿而下生，演大悲而广济。金轮腾转，化偃四洲；宝马飞行，声覃八表。莫不齐之以五戒十善，运之以三乘六度。”这段议论也是将武则天描述为转轮王，其中提到的“金轮腾转，化偃四洲；宝马飞行，声覃八表”，显然是指转轮王七宝中的两件“轮宝”和“马宝”。以“十善”教化人民，也是转轮王治理天下的重要特征。

不过，值得指出的是，将中土的君主描述为转轮王，武则天并非特例，从北朝后期到唐代，这实际上是一种政治传统和惯例。就转轮王观念而言，早在北朝造像记中，本土的皇帝和转轮王术语之间已经出现了融合，比如北齐天保八年（557）赵郡王高叡定国寺碑："属大齐之驭九有，累圣重规，义轩之流，炎昊之辈，出东震，握北斗，击玉鼓，转金轮。"到了唐代，中土的皇帝屡屡被描述为转轮王。比如唐武德年间，因为傅奕建议灭佛，绵州振响寺沙门释明概奏《决破傅奕谤佛毁僧事八条》进行批驳，其中描述李唐的建立称其"方应驾七宝而飞行，导千轮而轻举"；唐前期高僧道世在描述转轮王时云："盖闻飞行皇帝统御四洲，边鄙逆命则七宝威伏。"武则天只不过是整个思想和信仰融合、演进中的一环，只不过她在运用转轮王观念进行政治宣传时表现得特别突出而已。

转轮王的观念从大乘佛教兴起之初就已经出现了。从后汉月氏三藏支娄迦谶译《佛说伅真陀罗所问如来三昧经》卷三的记载看，转轮王思想在贵霜时代就已经流行。贵霜王丘就却和迦腻色伽都被描述为转轮王。转轮王是佛教对世俗理想君主的称呼，是佛在世俗世界的对应者，所以他也具备佛才有的三十二相等标志。与佛教王权观相关的七宝，是佛教理想君主的身份标志——拥有七宝证明其转轮王的身份和权威。正如玄奘译《大般若波罗蜜多经》中说的那样，"若无七宝不名轮王，要具七宝乃名轮王"。到了北朝隋唐，这已经成为一种普遍观念和一般常识。

作为转轮王标志的"七宝"，在同一时期或者更早的时期，在印度、中亚、东南亚、中国的西北，乃至安阳、长安等核心区域，都有不同程度上图像的留存。这些痕迹仅仅是当时丰富图画、造像极少的一部分。但是却说明了当时作为佛教主要君主论述的转轮王思想，具有更加广阔的地域和文化影响力，这也是佛教兴起对亚洲大陆政治思想和政治实践产生影响的重要层面。武则天以佛教转轮王自居，进行政治宣传，正是这整个“佛教世界史”中的一个场景。

1. 印度出土的转轮王七宝图像

图 4 为出土于 Jaggayapeta，收藏于印度 Madras Government 博物馆的描述转轮王的浮雕，白色大理石，高 130 厘米。从中我们可以清楚看出七宝，利用七宝呈现一个转轮王形象。时代一般认为是公元前 1 世纪到公元 1 世纪。同样的构图也出现在图 5 中。图 5 也是用七宝来标志一个转轮王的身份，出土于 Amaravati，收藏于法国集美博物馆。图 6 也是出土于 Amaravati，收藏于大英博物馆，分为两个部分，上半段展现了一个站立的转轮王，下半段转轮王则呈现

图 4　印度出土的转轮王浮雕（1）

图 5　印度出土的转轮王浮雕（2）

图 6　印度出土的转轮王浮雕（3）

坐姿，被七宝环绕。其中一名跪着的随从手捧托盘，表现的应当是珠宝。这些浮雕都使用七宝来标识转轮王，在当时已经是一种常用的艺术表现手法。

2. 婆罗浮屠的转轮王浮雕

8—9世纪，爪哇古国夏连特拉王国君主阇耶跋摩二世（Jayavarman II，约770年—850年）等自称转轮王。其修建的著名佛教建筑塔婆罗浮屠是夏连特拉国王为收藏佛祖释迦牟尼的一部分舍利而建。其浮雕也有转轮王的内容，将君主描述为转轮王，并且在其周围雕刻着转轮王的信物——七宝。

3. 关中地区的转轮王图像

北魏皇兴五年（471）造弥勒石像是中国内地早期刻画有转轮王形象的浮雕。1949年陕西省兴平县出土，现藏于西安碑林博物馆。其背面纵分七栏，刻十五图，有佛祖降生、九龙灌顶等，均为《弥勒下生经》中故事，属于弥勒信仰系统的造像。这十五幅图包括佛祖降生、九龙灌顶、树下思惟、乘象入胎、礼弥勒佛、儴佉王与二大臣商议出家、弥勒往耆阇崛山等。对我们来说，最重要的一幅图出现在背部第三行的中间。刻的是四人向右侧飞动，其中一人形体较大，有头光、帔巾，三人较小，右侧两身头戴尖帽，为男子；左侧一身饰有高发髻，为女子形象。四人身下刻有奔马、奔象、飞轮及摩尼宝珠。这正是对转轮圣王的描述——七宝全部出现在画面里。这很可能是中国本土现存较早的转轮王的形象。这一时期，是以弥勒下生信仰掀起叛乱最为频繁的时期。

值得注意的是，此转轮王形象，也如其他地区一样，用七宝来进行标识。七宝飞翔，转轮王也飞在空中，正如汉文文献中称其为

图 7　皇兴五年造像浮雕

"飞行皇帝"一样，而且构图基本和上面我们讨论的出自婆罗浮屠的转轮王浮雕类似。最明显的不同，是皇兴五年造像中的轮宝，并没有飞行在空中，也不在前面引导，而是位于图的中下部。

4. 邺城的转轮王图像

修定寺塔位于安阳市西北 32 公里处，太行山余脉清凉山东南麓，是中国最早的以雕砖饰面的单层方型浮雕砖头舍利塔。在其塔壁四周上下共镶嵌了二十余组的转轮王"七宝"图案。它们在四壁中都占据中心位置，分别以独立的形象横向排列在塔壁上，其中轮宝位于正中，呈圆形放射状，周围祥云环绕，四周又以伎乐舞人四块雕砖相环绕，呈上下飞动之态。其他六宝则分列两侧。据《唐相州邺县天城山修定寺之碑》称修定寺"又有龙花瑞塔，降于忉利，雀离仙图（轮王之塔），来于天竺”。可见修定塔的主题依然是为弥勒下生的题材，但是强调了转轮王的角色，这和当时北齐君主对该寺的护持或有一定关系。

5. 敦煌的转轮王七宝图像

敦煌地方政权也使用佛教转轮王的观念来加强自己统治的神圣性。最直接的实物证据实际上出自敦煌藏经洞。如图 8—9 所示出自敦煌的转轮王幡画——这是两件往往被忽视的重要实物史料。两件幡画都是由斯坦因（Marc Aurel Stein）带回英国的，现在都藏于大英博物馆。其中一幅在斯坦因收藏品中编号 Stein.Ch.00114，由两部分组成，上部是转轮王的七宝，下部却是佛陀的出生。看似毫不相干，实际上却是一个整体，描述的是后汉西域三藏竺大力共康孟详译《修行本起经》的内容，正体现了佛教一佛一转轮王的政治思想。编号 Stein. Ch.xxvi.a.004 的幡画，也是描绘转轮王的七宝，在这幅图中，主藏臣宝被换成了一个矩形箱子。在大漠孤烟直的敦煌，为什么会有这么密集的宣扬转轮王信仰的旗幡出现呢？它们和远在长安的武则天有什么关系呢？武则天在朝堂上设置七宝，宣扬自己的转轮王形象，恐怕不是孤立特殊的现象。

不论是作为帝国中心的长安、邺城，还是位居西北边陲的敦煌，转轮王七宝的图像，尽管经过历史残酷的消磨，至今仍能提供坚实的图像证据，证明转轮王观念曾经在中国中古的时代，在政治起伏、社会生活和思想变迁中扮演了重要的角色。这也和文献中流露出的信息相印证，使我们能够更加全面地理解，佛教作为宗教信仰和意识形态，对中古史研究的意义。从方法论上说，如果我们把佛教在亚洲的兴起与传播作为人类文明发展的一个重要脉络，则中国是这

图 8　敦煌出土的转轮王旗幡（1）

图 9　敦煌出土的转轮王旗幡（2）

个“佛教世界”重要的一环。佛教与各个当地文明的冲突融合，形成不同的特色，但是有一些观念和元素，却又是相近相通。彼此映照，对理解自身文明的发展，或许有些用处。

三、寺院：社会的发动机

中唐之前的都市佛教，本身就是贸易网络的重要组成。同时，佛教还促进了雕塑、绘画、金银器制造、抄经乃至印刷等行业的繁荣，也为艺术插上想象的翅膀，为艺术发展提供资金等保障。

隋唐时期的佛教寺院，既是精神家园，也是文化汇聚之地。这一时期佛寺众多，佛教信仰占据主导地位，著名的佛寺如大兴善寺、大慈恩寺、大荐福寺、青龙寺和西明寺等，在当时社会扮演着重要角色。佛教寺院的日常生活及其精神世界，构成了隋唐时期生活、风气与精神的重要部分，并对世俗空间产生深刻的影响。

隋唐时期的佛教寺院，发挥着社会慈善事业枢纽、图书与知识交汇中心、交通网络等功能。制糖术、植物栽培、椅子等发明以及卫生习惯的改良等，都跟佛教寺院有关。可以说，在很长的历史时期，佛教寺院充当了社会发动机的部分角色。这个发动机，不但提供精神家园和思想产品，而且承担了很多非宗教的功能。

佛教极大地促进了商业和手工业的发展。佛教跟商业的关系，一直都非常密切。丝绸之路上的僧人和商队结伴同行，除了彼此提供物质、安全和精神慰藉外，佛教网络本身也给商业发展提供了基础。尤其是中唐之前的都市佛教，本身就是贸易网络的重要组成。同时，佛教还促进了雕塑、绘画、金银器制造、抄经乃至印刷等行业的繁荣。此外，也为艺术插上想象的翅膀，为艺术发展提供资金等保障；佛教寺院更是为不少艺术家提供了挥洒才华的空间。

在佛教的影响下，长安这些大城市某种程度上说是非常素食的城市。糖和蜜，对佛教僧侣的修行和日常生活具有不可低估的意义。糖为佛教徒所必需，而寺院又满足了制糖的一切条件，所以制糖术和酿蜜等跟佛教寺院紧密连在一起。唐宣宗时期的长安大总持寺以梨花蜜出名，甚至贡献给皇室食用，“寺中常贡梨华蜜，其色白，其味愈常，蜡房所取者”。所谓梨华蜜，顾名思义当与梨花有关。刘禹锡有诗云：“何处深春好，春深兰若家。当香收柏叶，养蜜近梨花。”可见，寺院种植梨树、养殖蜜蜂，在唐代并不稀见。在植物栽培上，寺院也很有成就。有些寺院以牡丹栽培著称，西明寺则以种植一种白色美味的茄子闻名。

佛教寺院在城市的大量出现，实际上是在官、民和公、私之间制造了一个公共空间。在这个公共空间里，不同阶层的人都可以进来，很多故事也在此发生。同时，众生平等的原则和慈悲为怀的理念，让佛光也照耀到社会的边缘。比如，佛教寺院给应试的举子、选调的官员、求利的商人等，可以暂时提供精神和现实的庇佑。姚崇做到宰相，还没有自己的住宅，就住在长安罔极寺里。落第的举子，也可寓居寺院。隋唐时期大寺院，尤其是长安和洛阳的寺院，饮食不但不遮客僧，也允许俗人来吃饭。韦昭度、刘瞻等人年轻穷困时，都曾到寺院随僧就斋。从隋唐时期的例子来看，佛教寺院的开放性和包容性，让佛教在社会生活中扮演了重要的角色，并借此深入人心。

余蔚

浙江宁波人，2004 年博士毕业于复旦大学历史地理研究中心，现任复旦大学历史学系教授、博士生导师，主要研究方向为宋辽金史、中国政治制度史，代表作为《中国行政区划通史・辽金卷》、《中国古代地方行政监察体系运作机制研究》。

比“了解”更重要的是“理解”——解析《细讲宋史》

我今日演讲的题目“比‘了解’更重要的是‘理解’”，意思是：碎片化的所谓知识，都是一些表面的东西，和事实有明显的距离，所以多了解一点，少了解一点，没多大差别，不外乎茶余饭后的谈资有多少。再直白一点说，如果想以“听故事”的态度来深入接触历史，是没有可能的。真要对宋史感兴趣，对历史感兴趣，就要有一个总体的把握。历史学的使命是什么？是要揭示“真相”，那真正喜欢历史，就得有一颗追求“真相”的心。人性的极致，要追求“真善美”，但对于历史学来说，善和美，是要首先服从于“真”。当然，善和美，格调都很高，都是好东西，可是在不同的时代，无论是善还是美，都是变动不居的，可能有主流、非主流，但没有统一标准。举个例子。关于身材方面的审美，众所周知，唐代以胖为美，美丽与脂肪成正比，杨玉环在唐玄宗心目中的分量取决于她本身的分量。这种审美，与今天的大众眼光岂不是相反吗？前段时间看过一篇比较专业的网文，说是杨玉环并不肥，秾纤合度；而唐代人也并不真正喜欢胖，只不过安史之乱以后，大家都痛恨这个红颜祸水，所以污蔑她肥胖。网文很长，考证很严密，可惜就是有一点没法反驳：唐代的仕女图，人物似乎也是以胖居多。有了这个基本面，考证再多，未必离真相愈近。所以，不能以今天的审美去比附一千多年前的审美。

再比如说，蒙古大军屠城，在元初灭南宋的过程中，稍有收敛。但是，凡有激烈抵抗的，照屠不误。自西而东，屠樊城，屠沙市，屠常州，后来南下，又屠长沙。屠城是不好的，但人家有原则，你不反抗，就没有这事。而按照这个逻辑来推理，主张抵抗的主事者，是不是要对一城冤魂负责任？比如守长沙的李芾，一直打到没有还手之力了，然后杀了自己一家，又杀了自己，手下大小官员，阖家自杀的不在少数，那都是他劝说的，可阖城的百姓被屠戮无遗，难道都是自愿赴死的？要追究起责任来，不还是这些大宋的官员，逼着他们去死？据说生存权是最基本的权利，所以这种侵权的行为，惹出那么大的祸事，责任难道不重大么？忠君爱国，在宋代是重大的“善”，结果在现代人的三观中，就是极大的“不善”了。这个观点由一位美国学者直接提出来，我还真不敢判断这是不是现代世界的主流，或许东西方有所不同吧。比如我们抗战时期打游击，日寇报复到百姓身上，屠村或者什么的，游击队就加强活动，进行反报复。而欧洲在第二次世界大战时期，同样有游击队活跃于德国占领区，比如丹麦、挪威。德军也和日寇一样，被游击队打死一个，就枪决十个平民，结果游击队就只好停止活动。到了今天，恐怕有很多人就无法理解，厓山战后，为什么十万大军宁肯跳海，也不愿投降。所以，这个价值观还真不一样。什么是善，在不同时代，不同空间，标准也不一样。所以回过头来说，什么东西亘古不变呢？就是对真相的追求。希罗多德和司马迁，他们的本意或者并无不同。

有一种历史观认为，“真相”是永远不可能被完全揭示的。这句话很有哲学意味，我相信应该是绝对正确。但这句话怎么能够被人文和社会研究者所信奉呢？“真相”固然不可能被完全揭示，但它是可以被无限接近的，若非如此，那么我们所有的成果就被完全抛弃了，所有的努力就被无视了。至于有多接近？这是对学者和一般爱好者的考验。

尽力地接近真相，我觉得自己有一些领悟可以推广。

首先，是一个俯视的观察角度。俯视，是指随着镜头伸缩，大比例尺和小比例尺能够比较方便地转换。一个问题，如果近看看不透彻，那么就将镜头缩回一些，哪怕舍弃一些细节，增加观察的范围，或者说尽量看全景。这往往适用于观察对象的空间范围调整。比如，有关宋太宗争位，有脍炙人口的“烛影斧声”，兄弟二人雪夜在宫中饮酒，内侍在外面看到烛影摇曳，又听到斧子着肉的声音，太祖大喊：“好做！好做！”第二天一早，听说太祖驾崩了。对于这条始见于北宋中期的记载，后人没少考证，这两位当晚究竟在宫中干什么？所谓“斧声”到底是怎么回事？如果考虑得更广一点，传说中这两位的母亲在世时，下令要兄弟传位，并且留下一份文件，也就是所谓“金匮之盟”，是不是确有其事？这个问题可以归结为，太祖太宗之间，是心甘情愿、没有风波地正常交接，还是斗争的结果？重点在于，有没有“争位”的动作；至于谋杀，其实倒不是关键问题。我们不要紧盯着两个人喝酒的宫禁，放开来，镜头回缩，看看宫禁以外的情况，首都发生了什么，甚至首都以外发生了什么，那么迹象就要多得多。太祖在位时，皇弟赵光义在开封府、中央政府甚至宫廷之内安插了许多人手，那么他的叵测之心，自然就不难看出来。而太祖让续弦的宋皇后收养次子德芳，他在位的最后一年，刚成年的德芳晋位为“贵州防御使”，这是为赵德芳走向太子之路铺垫。不久，太祖巡幸西京洛阳，南郊祭天，并且奖谕、提拔了德芳的岳父、西京留守焦继勋。该做的事做完了，太祖却不肯回去，说是开封不合适做首都，要迁都洛阳。由此，太祖与他的大臣、将军，尤其是与他的弟弟，展开了一场关于定都在哪里最为合适的争论。这在历史地理、都城史研究中，是一场非常著名的讨论，但不得不说，当时讨论的内容都挺没道理，按常规的理解方式比较难以说通。尤其是最后太宗的一句话，定都问题“在德不在险”，简直就是无理取闹，完全没有历史地理意义上的学术价值。争论的关键问题，大家历来不太理解。这哪里是都城和国家的关系问题，明明就是皇位继承的问题。这一年太祖紧锣密鼓的行动，表明他正加紧为儿子德芳确立名分、培植势力。最后一步所谓迁都，就是令弟弟光义在开封的多年布置化作无用功。虽然赵光义羽翼已成，再也难以遏制，但太祖这种纵横捭阖的手段，太宗不遗余力的抵制，完全能够说明，心甘情愿、平平静静地兄终弟及，在当时是不存在的。

再放大一点，比如，我们比较习惯于在国家范围内观察一些重要的政治事件，但未必看得清。那就将比例尺缩小一点，观察的范围放大，放大到两个、三个国家。比如南宋中期，宁宗朝韩侂胄的开禧北伐。由于韩侂胄被道学家定位为奸臣，他所有的行为都被引

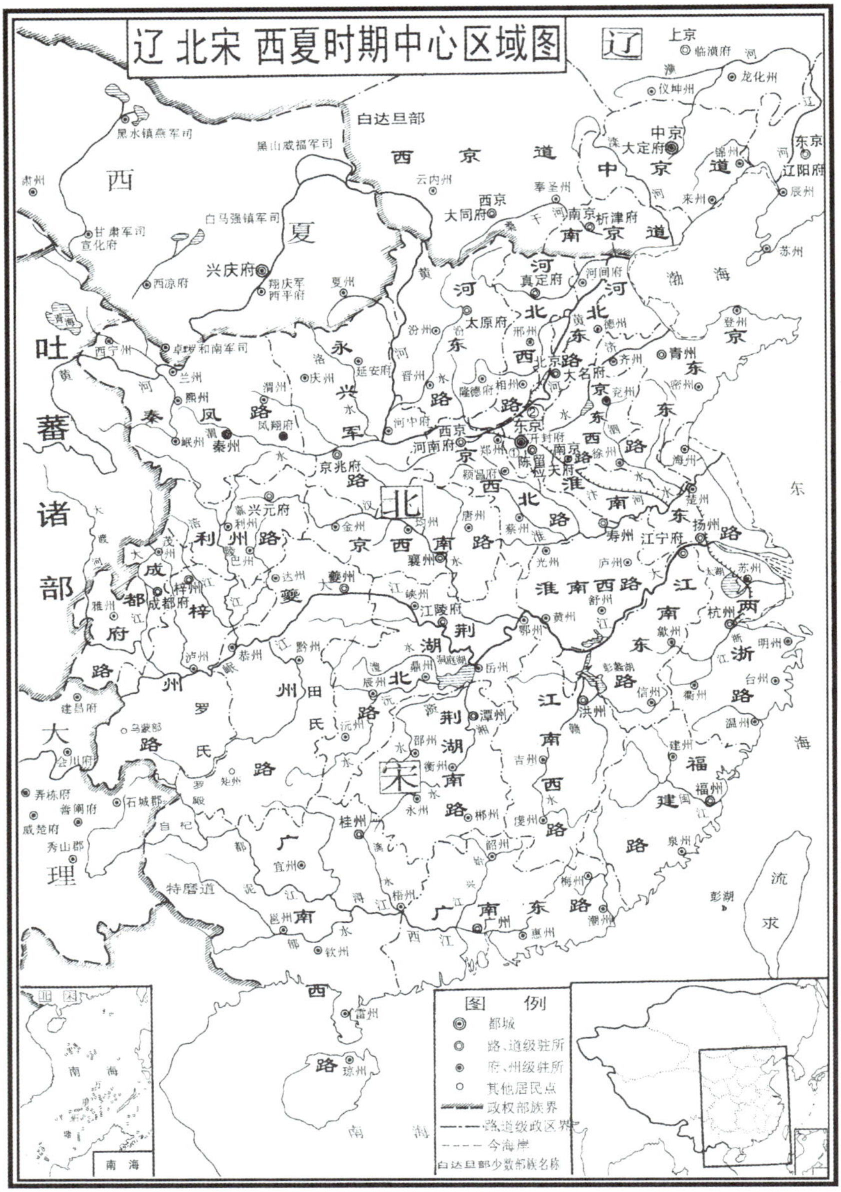

图 1　辽北宋西夏时期中心区域图

导到个人权谋这条路上。即便他的北伐深合朱熹等道学家历来的呼吁，可是北伐既然是由韩侂胄发起，其动机也同样被归纳为“固位”——巩固他的个人地位。北伐期间一系列的指挥失误、配合失误、部队战斗力不足，以及最终的完败，表明宋军准备不足、完全不在状态，那么，在这种状态下发动进攻，岂不是更能说明韩侂胄为了个人权位，已到了慌不择路、孤注一掷的地步？所以从南宋国内的情况来解释北伐一事，他的动机完全是反面的，对于北伐的评价和对于韩侂胄个人的评价，可以互相污化。但是，视线越出国境的话，可以看到不一样的东西。

开禧北伐，是在1206年。这一年，发生了什么对后世影响极大的事？蒙古帝国成立，铁木真在斡难河之源被拥戴为成吉思汗。我们一般会注意到此后亚洲局势的重要发展：1211年，蒙古开始强势攻击金朝，拉开了23年金蒙战争的帷幕。但是，我很少看到有人关注过1206年之前一段时间，在华北边疆到底发生了什么。铁木真统一草原，从他收拢本部乞颜部的力量，到最后击溃札木合的联盟，统一蒙古，这个过程延续了十几年。这十几年间，部落战争把草原各部刺激得极其兴奋，金朝的羁縻政策完全失效，西北边境各部，以塔塔儿部为首，纠合起来频频入境侵掠。局部的摩擦迅速演变为全面的对抗。忍无可忍的章宗皇帝，在1195年投入了十几万兵力到西北，这一仗打了5年。到1199年，金军终于取得北境战争的胜利，沉重打击了各部，暂时止住了塔塔儿部的强势发展。但是蒙古高原的风云变幻，已非金朝所能控制。1196年之后，金朝在北疆筑边堡，修界壕，增加戍兵，转入纯粹防御的状态。但一道边墙，无法挡住蒙古各部的侵扰。1202年四月，札木合集团与乃蛮合力会战铁木真集团的“阔亦田之战”，令金朝胆战心惊，从这一年开始，蒙古人在界壕内外的活动，成为金朝的严重威胁，这比铁木真称汗要早 4 年，比蒙古全面入侵金朝要早 9 年。危机正在迅速积累，金朝身在其中，感到沉重的压力。恰在这个时候，宋的情报部门经过分析，认为“金国多难”，如果乘此机会北上的话，金国应该无力抵挡。正是在这个判断之下，韩侂胄发起北伐。而在北伐失败之后，金国对宋的“惩戒”也不算严厉，除了索要韩侂胄的首级外，其他条件基本上与战前持平。这么“克己礼让”，也正是因为它的北境出现了重大危机，使它不敢对宋施予太大压力，以免引起反弹，陷入两线作战的困境。所以从当时局势来看，开禧北伐的背景，又哪里是韩侂胄个人“固位”那么简单呢？对金朝的危机判断不够准确，又漠视宋朝边界以北的形势发展，对他北伐动机的分析，自然会出现巨大的偏差。

再比如，蒙元灭宋，主要原因是什么？它是不是一个可以避免的结果？作为一个影响了亚洲史甚至世界史走向的关键事件，关于该问题的讨论很多。这个问题，可以用武力来解释，宋代重文轻武，以宋朝的武力支撑它抗蒙四十多年，已经是难得了，避免灭亡却是不可能的。也可以用财政来解释，宋最后是被财政问题拖垮的。因为宋实行募兵制，兵员的所有费用都要由财政来承担。随着宋蒙战争的深入，招纳的兵员越来越多，总兵员由四十万增加到六十万，最后增加到八十万。如此一来，即使所有财政收入用来养兵都不够。于是宋廷通过种种不光彩的手段，比如纸币的贬值来敛取民间财富。可是终究难以为继，所以 1276 年南宋放弃抵抗，是因为它破产了！这些说法，都很有道理，至少能部分解释宋的灭亡。当然，更老旧的解释是，这个政权腐朽没落。这个我们暂且置之不理。但各种解释，似还欠缺一个关键的环节：蒙元那边怎样？一胜一负，总要看两边，两边的实力对比究竟如何。

1206年统一之时，蒙古有95千户，军人不超过十万。之后蒙军的西征，主力当然就是蒙古人，虽不过三五万，已经被称为“上帝之鞭”，所向披靡了。1209年蒙古进攻西夏，除了蒙古人，已经增加了很多西域的仆从军。到1211年蒙古进攻金朝时，又用上了西夏人。而后1234年宋蒙战争正式开始，华北的力量也被吸纳进来了。历次南侵的蒙军，往往号称二十万、五十万、八十万，即使后人揭露说，蒙古诸位大汗都特别夸张，可以把二十万人说成百万的，但他们动员的力量完全不是宋所能企及，这一点却也不得不承认。比如围攻襄阳的六年，加上在四川和两淮起牵制作用的多路部队，蒙军动员的实际兵力不下三十万。这些攻宋的部队是哪里来的呢？主力就是灭金的过程中，在华北培养起来的汉地代理人，势力已非常庞大，以史天泽等所谓“汉地七万户”为首，之外大大小小军阀数以十计，兵员总数在二十万以上。这些人经过二十年的苦战，剩下的人非常精锐，刚好可以用在接下来的战争中。而在1234年至1235年灭金之后，清扫陕西又得到十万以上金军。这些都是蒙元后来所谓“汉军”的来源。

但凡陆战，先用汉军，次用色目军，再用蒙古军。至于水战，有1262年降蒙的原南宋将领刘整训练出来的一支雄师。而且在战争技术上，蒙军中西合璧的打法尤其见效。回回专家制成的巨石炮，比南宋的石炮有更远的射程。樊城就是被回回炮打破的，最后，几炮下去，襄阳城也肯定守不住了。在“高科技”面前，蒙古人终于瓦解了宋军的斗志。所以我们看宋元战争，甚至可以站在全局的高度来看：由内而外，华北的力量，草原的力量，西域的力量，都被蒙古这部战争机器所整合，源源不断地涌向东亚，任何政权最终都要被它粉碎。以半个中国之力，来对抗几股力量的合力，从这样的对比来看，南宋的命运，终究是不可避免的。抵挡四十多年，不得不说是非常了不起的事。

所以说，打开视野，增加观察的面相，尽量掌握“全景”，看问题会真切得多。当然，取全景并不容易，由于学界的趋向是越来越专业，也越来越狭窄，比如做唐史的不了解宋，做明史的不懂元，这并不是正常状态，而是必须打破的壁垒。对于宋史的专家和爱好者来说，如果不掌握辽、金、蒙元史的基本脉络，会妨碍对宋代很多问题的理解。

以上提的第一点，用一种俯视的观察角度，主要是在于观察空间的调整，我认为一定要扩大视野，如果有这个能力的话，最好是站在全球视野下来看。当然有时候也要拉长镜头，放大比例尺，变成显微镜也可以。其实我们无论是专业还是业余，往往都只到“中观”，这个词是相对“微观”和“宏观”而言。也就是说，既看不到很深入的层面，也把握不住全局观。平时看书想问题，还是要刻意地调整角度和方位。

其次，在“平视”的角度上，也需要伸缩镜头，这主要是就时间而言。历史本来是最应该讲时间观念的，但不能免俗，有时往往把注意力集中在一个单独的事件上，而忽视连续的发展，忽视动态。当然，动态说得容易，可做起来却往往把握不住。举个例子，高宗的禅位。此事对于南宋一代的历史影响巨大。高宗在位 36 年，精力尚未衰弱，就让位给养子孝宗，自己搬到德寿宫颐养天年。这一养，就是25年，四分之一个世纪。有了这个先例，孝宗也没等到驾崩，就让位给亲子光宗。而光宗在位期间精神分裂，大臣们越来越无法忍受他，但有了前面两个先例，大家灵机一动，觉得可以再制造一太上皇，于是光宗就被迫让位给亲子宁宗。他当时是多么不情愿，抵死不肯搬出皇帝寝宫，作为最后的抗议。父祖两代人的先例，贻害匪浅。对于高宗这么“高风亮节”的举动，真的不容易理解。先前哪一位皇帝的所谓“内禅”，活着的时候传位给儿子，比如李渊、李隆基，不是背后有大阴谋、有政变？倒是高宗的内禅，大家倒不会用阴谋论去猜测它。然而排除了阴谋论，还真说不出所以然。

但是若把时间拉长了，从他在位前期看起，或者就不难理解了。众所周知，高宗最大的底气来自和议；同样，他的最大压力也来自和议。绍兴八年（1138），宋金双方曾经签订过第一次和议，金把河南、陕西之地归还给宋，可是转头就撕毁了和议。绍兴十一年（1141）和议的签订，高宗费尽了力气，降低了底限，连河南、陕西也不要了，划淮而守。但这次和议是不是靠得住呢？这有点像一场赌博。金人信守和议的品质，其实还是牢靠的。可问题是，金的政局很不稳定，政变太多。而每次人事发生重大变动，前面那一套，后面的人就不认，政策缺乏连续性。就像绍兴八年亲宋的挞懒把持朝政，和议就签成了，可是次年挞懒被杀，他的地位被主战的兀朮替代，就重新挑起了战事。所以，和议的维系，主要看金朝政局是否稳定。只要签订绍兴十一年和议的金熙宗还在位，和议大致没问题。绍兴十九年（1149），金朝再次发生政变，完颜亮谋杀金熙宗，自己登上帝位，高宗心中的阴霾便越来越重。熬过了十二个年头，完颜亮备战完成，百万雄师便汹汹而来，宣言要“立马吴山第一峰”。这第二次撕毁和议，对高宗的打击太大了。高宗只留下半壁江山，“恢复”的呼声不绝如缕。若是和议始终得以维持，那么他还可以“和平安宁”来告慰天下，合法性终归还是在的。正因如此，秦桧死后，他仍然强调说，和议虽出于秦桧，却也正是他的意思。和议对他来说，还是正面居多。然则临到老来，和议却崩了盘。一想到他的基本政策将受到时人和后人的强烈质疑，宋高宗就一阵虚弱，一阵幻灭。于是他一咬牙，把担子一卸，到德寿宫自得其乐去了。王船山很了解他，说他做“中兴之主”实在是勉为其难，他的性格绝非刚毅，权力欲也不是很强，中才而已。绍兴十一年之前或许还有些高昂精神，然二十年的太平天子做下来，就磨灭殆尽了。而这二十年，心里或者并不好过，既有和议的阴影，又有权相的威胁，精神负担实在不轻。来回盘算，还是退了最为合算。一般的皇帝，大约不大会有这样的想法，但这合乎高宗的性格。他在绍兴三十二年刚刚击退金军之后，马上就和孝宗完成交接，导致对金军的追击，拖延了一年多，大大影响了国事。难道就不能再晚那么一两年么？可见，他要退居后台，实在是迫不及待，撑到完颜亮死后，已经相当不容易了。所以我们这么前后一看，看上二十多年，把和议这条主线拉出来，事情顿时

图 2　宋高宗赵构（1107—1187）

清晰了许多。

再来谈一谈南宋后期的学潮与权臣的问题。民国时期，有一位宋史学者黄现璠曾专门研究过南宋后期的学生运动，很有影响。我们知道，学生运动在民国，那是很受舆论追捧的，仿佛那便是青年活力的体现。而黄现璠在书中主要也还是盛赞南宋学生的品格和活力。我最近也研究相关内容，其实主要是对权臣有了一些发现。南宋后期的学生运动，大致从1244年，理宗淳祐四年突然兴起，当时的目的是驱逐权相史嵩之。这个人物有点名气，不过在今天也谈不上众人皆知。他最出名之处在于主张宋蒙和平。不过，当时不乏与他坚决对立的大臣大将，在宋方主动进行“端平入洛”的北伐运动之后，宋蒙两国立即进入战争状态。而后便是蒙古大军年年入侵。而恰恰就是主和的史嵩之，成为抵御蒙军的支柱，并且由边地统帅入朝为宰相。但是，他继续主张议和。这种姿态，大大惹怒了道学家。并且，他叔父是主政二十五年的权相史弥远，而道学家将对于史弥远的怒火，也发泄在他身上。1244年，史嵩之的父亲去世，理宗皇帝命他“起复”，也就是中止居丧，仍旧回朝做官。遍布朝野的道学家集中发动攻势，抵制皇帝“起复”他。太学、武学、京学、宗学生共三百多人，响应号召，伏阙上书，痛诋史嵩之，坚决要求他回家居丧。第一次没有见效，而后再次大规模伏阙上书，要求皇帝让步。诸学生的高涨士气，使道学家的主张最终得以落实，史嵩之放弃起复，回家居丧，而后再也没能回到朝廷。这是道学家首次在朝廷获得压倒性的胜利，也是太学生首次以其张扬来达成目的。而从宋末蒙元极盛一时的道学家们看来，学生们的活动自然是正面的、值得肯定的。不过，理宗皇帝非常不高兴，因为这些正面

图 3 宋理宗赵昀（1205—1264）

人物把他唯一有能力对抗蒙古的大臣给搞没了。过了几年，贾似道发迹了。贾似道同样是以善战的形象，深得理宗欢心，所以得以迅速取代史嵩之的地位。但同时他也主张与蒙古议和，与史嵩之的观点并无不同。可是，他的性格不像史嵩之那么直来直去，他增加太学生津贴，增加科举录取率，尤其是当初攻击史嵩之的几位主打高手，纷纷以很高名次被录取，太学生对他感恩戴德。贾似道主政十几年，学生们乖得不得了。贾似道有什么诉求，往往通过中介，发动太学生上书呼吁，而贾似道本人自然就不得不“俯允众请”、响应舆论号召，顺水推舟地达成目的。而当襄阳陷落、宋军又在芜湖丁家洲大败之后，朝野一片下台之声，太学生又落井下石，群起上书要求罢免贾似道，流放他到岭南。最后，积极响应蒙军召唤、到元朝做官的，就是那些当初最活跃的太学生。把 1244 年的相关事件与人物，一直拉到 1284 年去看他们，所谓“风骨”，所谓“活力”，看看还能剩下什么？

最后，谈最点题的一点，“理解”。这点是最虚的，它包括的面很广，我把它解释为“有代入感的理性”。现代史学与古代不同，对于“真相”的强调，比较激烈，所以理性更受到追捧。这种理性，绝对不是指科学主义的精神，他的首要功用不是被用来判断正误，而是用来诠释动机与发展逻辑；后者和前者的区别，在于书写者是否存一种先入之见、评判框架。理性，应该支持我们如实记下观察对象的行为，只按史料立论，不作过多推测；只说问题，不作价值判断。因此，澶渊之盟所开启的宋辽新关系，在我看来它就是国与国之间的平等关系，完全不必与丧权辱国联系起来。神宗朝以后的新法旧党更替期间，政治人物关于强国的思路不同，但不见得哪一派就代表了一个固定的群体利益，而改新就是进步、守旧必然挨打的思路，在中华民族已经强盛的今天，似也不必再以一种矫枉过正的态度高调宣扬。

但是，纯粹的理性，并不一定能与真相近距离接触。个人所处的时代，与所关注的时代有数百上千年的时间差，你怎么能理解他所处的人际关系、社会、官场、国际环境？你怎么能够与他持有相同的价值观？又怎么能明白他的性格和心情？这些玄之又玄的东西，没有代入感的话，恐怕是无法有切实的把握。我们从“了解”走向“理解”的层面，没有代入感的话，难以做到。

我举一个最反映代入感的例子。高宗处死岳飞的理由。关于岳飞，宋以后探讨得太多太多，但仍有可说之处，总觉得大家都只触及一点，但没有点透。其问题还是在于没有代入感。最主流的看法，还是岳飞主战、一心北伐，高宗与秦桧要卖国，就必须清除他们卖国的这个主要障碍。这显然有价值观判断色彩，恐怕只能触及真相的边缘。王船山的评说比较有意思：论勇武，当世猛士，都在他手下，百战百胜，敌人闻风丧胆；论声名，无论在朝在野，士大夫、平民交相赞誉；论格调，战事之余，修儒业，学艺文，恂恂如一儒将也。如此完美的一个人，足以使天下忘了在他之上还有皇帝。这种人，不杀他杀谁？王船山的评说很有艺术，不过也不尽然，这样的解释还是过于“个人中心”，对于时代环境，解释力不强。

应当说，岳飞之死，与他的性格是有关系的，他的性格导致的某些行为，已经触及了皇朝的底限。他从建炎初年一小将，大踏步飞升至一方诸侯，这都离不开高宗的赏识。但是我们能够看到，在绍兴七年高宗的态度有明显的转变迹象。二月，岳飞面见皇帝，开口要十万大军，皇帝当场同意了，但接着又谈起立储之事，气氛立即变了。皇帝冷言相对，直斥他作为武将不应干涉国之根本。当时，双方极不愉快，岳飞离开时“面如死灰”，皇帝估计也有了心理阴影，认为他有野心，难免对他有了戒心。六月，皇帝推翻了给他增兵的承诺，把刘光世的淮西兵给了别人，一气之下，岳飞便借口给母亲守丧，跑到庐山上不再下来。在宋代，如果不是臣子被解职，这种事几乎是不可能发生的。这是和皇上赌气，是可以治以重罪的。更何况是一个手握重兵的武将？高宗当时也慌了手脚，命令岳飞的幕僚部将们上庐山去请，如果请不下来，一并治死罪。可以想象，当时皇帝应该是非常愤怒的。终于三催四请下山来了，皇帝说：“犯吾法者，惟有剑耳！”这次便算了，希望不要有下回。这么重的话说出来，真是剑气纵横。代入到这种场景，想想宋代对于武将的戒心，再想想一个宋代的武将，吞并别人的兵力不成，对于皇帝竟然敢明目张胆地抗旨，这是何等严重的事情。最后，当绍兴十一年召他回到临安做枢密副使，部下竟敢假传敌情，希望能够把他放回来重掌荆襄之兵。想想宋是怎么立国的？不就是因为假的敌情，导致赵匡胤掌精兵出征，然后顺手改朝换代！在宋朝皇帝看来，这种做法就是策划兵变，连“疑似”都不算。高宗本人经历多次兵变，最恨最怕的就是这个。所以，万民景仰的岳爷爷，在高宗皇帝心目中，可是极端危险分子。上师大虞云国老师提出“第二次收兵权”的观点，也是推动杀岳的重要动机。南宋初诸大将尽皆跋扈，如果需要杀鸡骇猴，让他们老老实实归隐的话，拿这个危险分子下手，再合适不过了。

我解释这个问题，涉及宋朝的祖宗之制、绍兴初年的内外环境、高宗的经历和心理，这些都需要切身地体味。我觉得没有代入感的话，仅凭爱国主义、卖国主义、兔死狗烹、功高震主这些观念来解释的话，说服力是相当有限的。如果有了先入之见，而且这先入之见还是一千年之后的，那么解释的可信度便相当堪忧。有人评论我对这个问题的解释是“翻案”，经这么一翻，岳飞便有点反面了，高宗就略微显得正面了。这是没有体会我的苦心。我对于当今史学界盛行的翻案风没有一点点兴趣，只是一味地想追求真相，甚至连历史人物的心理也希望凭借经验，直指本心。无论是善的真相也好，恶的真相也好，都揭示出来给世人看。

另外一个代入感很强的例子，是对宋理宗的分析。理宗绝对不是一个很引人注目的人物，甚至在宋史学界，他也算不上著名的人物。如果听过他的事迹，那不外乎两点，一个是他极力支持理学，所以死后获得“理”这个空前绝后的庙号。另一个则是入元之后，理宗陵被番僧挖开，他的头盖骨被制成“饮器”，是番僧欲以厌胜之术，镇压赵宋的帝王之气。而关乎他的人品和成就的评价，一般都是比较负面的。这主要是因为两点：他在位末期，南宋基本上已失去了抵抗蒙古的能力；以及当时的台谏大臣主要是道学家，上书的时候最喜欢夸大他的过失，这是晚宋道学家们最喜欢的游戏，是他们寻求存在感的常用方式。所以文献留给我们关于他的印象当然就不好。而后人又喜欢添油浇醋，雪上加霜，潜移默化地让人们更不喜欢他。

不代入到那个环境，真的是无法理解他究竟是个怎样的人，也无法理解他在那个时代当皇帝，到底有多难。一个没落宗室的后代，少时要托庇于外祖父家，出人意料地被选为皇帝弟弟的后嗣，整整四年，接受严格的训练，准备做一个合格的王爷。可是经过一场政变，几乎毫无征兆的，他居然继承了皇位。一个朴素的少年，由于不断的意外，被抬上意想不到的位置，他身上具备了很多独特的品质。就他这个特殊的出身形成的特殊性格，在特殊时代面对特殊的人群，还真有些不容易理解的表现。他二十六岁亲政之后，作风泼辣，雷厉风行，竟敢主动挑事，发动北伐，可是此前九年宰相史弥远当权，代行天子政令，他却垂拱渊默，毫无不满的表示，这是他心计深沉吗？可他和万历皇帝完全不一样，万历在张居正生前，就像一个小学生面对班主任，恭敬到五体投地，稍做错一些事，就像末日来临。可等张居正死后，就大肆报复，恨不能断其子绝其孙。而史弥远死后，理宗皇帝可是尽心尽力保护他的后裔。即便他是何等地尊重道学家，即便道学家对史家欲食肉寝皮方为快事，可理宗在这件事上却不肯退缩。只因为，他知道感恩。然而，当道学家絮絮叨叨地提出好多意见的时候，他却也只能接着，尽管有诸多不满，却很少反驳，更没有恶语相向、暴力相待。欣赏一下当时的奏章，那么就不会怀疑，理宗是宋代脾气最好的皇帝，或者在中国历史上也是。能够忍受道学家的语言轰炸而不发作的，他的品格一定很杰出。不过，道学家的这种折磨，毕竟改变了他天性中的某一部分。他亲政之初表现出来的活力和斗志，比如悍然挑起北伐，一次不成之后，还准备来第二次。冷然面对道学家的挑衅，保护史家的后人，再三维护他认为有真实能力的干才，到了中年，却逐渐消退了。一边表示服膺于道学，一边热衷于享乐，甚至在宫中召妓，而后淡然面对再一次的指责。究竟得有多大的胸怀，才能容得下这样的格格不入？或者，他已经陷入精神分裂的状态？但他还是从不使用暴力。总结一下他的特征：感恩，想有所作为，谨小慎微到有点自卑的程度。宁可让自己承受巨大的压力，但始终希望能够周旋于他所认同的伟大人格：既要守护正常的人性，又要保持行为的正当性以及地位的合法性，又处在极其暴烈的边境冲突中，可以想见他的情商是多高。而脱离了复杂而独特的环境，后人对他、对晚宋历史的历史又能有多少理解？

我这本书，篇幅很小，总体不到17万字。不过，我把它当作自己史观凝练的场所，或许，有些看法在正式的学术场合未必算是确然有据，不过还是希望，以我个人对宋代历史的理解，提供可能有些道理的新见解。历史上的重要事件、重要人物，其实还是有数的，但研究可以一代代做下去，花样翻新。毫无疑问，只有变换观察的角度，转换理解的方式，这个学科才不至于无语凝噎。

温海清

复旦大学历史系副教授。历史学博士。以元代史为主要研究方向。著有《画境中州：金元之际华北行政建置考》、《元史》（“细讲中国历史”丛书），并在《中国史研究》、《文史》、《民族研究》等刊物发表专题研究论文十余篇。另有读史札记、学术书评、译作数篇。

文天祥之死与元初南方政局

1278年，南宋祥兴元年，元至元十五年。这年农历十二月二十日，在今天广东省海丰县境内一座名叫五坡岭的山脚下，从江西一路南逃辗转而来的文天祥，正与随扈歇着脚，准备生火做饭。然而就在这当口，一队元军步骑追兵突然而至。文天祥自度这次肯定无法逃脱，为免生擒受辱，赶紧从怀中取出早已备好的毒药——樟脑丸子，和着一瓢生水吞了下去。让人颇感意外的是，也许是水不干净，引发腹泻，一阵头昏脑涨之后，樟脑丸竟没发挥它应有的毒效。文天祥没能死去，最终还是被元军生俘。

抓获文天祥的这支元军，隶属大将张弘范麾下。张弘范是被誉为蒙古灭金汉人第一功臣的河北世侯张柔的儿子，现如今他已成长为元灭南宋的几位前锋统帅之一。文天祥被俘后，很快就被押送至张弘范处。文天祥见到张弘范，情绪激动，慷慨陈词，大骂求死。张弘范深知文天祥非一般人可比，以礼相待，极力劝说文天祥投降元朝。无奈文天祥忠诚南宋的意志十分坚决，始终不肯屈服。每次有机会见到元军将官，文天祥就“踊跃请剑就死”。

1279年正月，张弘范试图让文天祥给仍在广东外海一带抵抗的南宋大臣张世杰写劝降信。文天祥写下《过零丁洋》一诗予以回绝，由此留下“人生自古谁无死，留取丹心照汗青”的千古名句。二月中旬，张弘范设宴大会诸将，文天祥受邀参加。宴席之间，元军副统帅起身向文天祥敬酒致意，不道文天祥却不买账，不给对方好脸色。这位元军副元帅勃然大怒，恶语相向；文天祥也不甘示弱，厉声回骂。文天祥之所以这么做，是想激怒对方，以使对方发怒杀掉自己，以尽早成全自己忠诚南宋的成仁气节。张弘范知道，短时间内要劝服文天祥投降元朝，几乎是不可能的事情。

元世祖忽必烈知道捕获文天祥的消息后，命令张弘范派人将文天祥押往大都（今北京）。1279年二月二十二日，张弘范派员押送文天祥前往大都，一同被押解的还有原南宋礼部郎官邓光荐等人。他们从广州出发，一路北上，途经江西行省、江浙行省以及腹里地区，并于当年十月一日抵达大都。文天祥北解大都途中，被“系颈絷足”，这是元军对待囚俘的一种习惯做法。由于文天祥身份特殊，北解途中的待遇似乎还算不错。沿途经过许多重要历史遗迹，文天祥都能从容凭吊一番。他所撰写的《越王台》、《燕子楼》、《戏马台》、《赵太祖墓》等诗篇，就透露出了这些信息。

抵达大都后，前来劝降的各类人员络绎不绝，既有被俘后封为瀛国公的原南宋恭宗赵㬎以及已投降元朝的原南宋大员，还有元朝

图 1　文天祥雕像

的高官显贵。文天祥均严辞拒绝，始终忠宋，不肯降元，惟求速死。

文天祥在狱中的生活待遇，不算太差。他不仅可在狱中见客会友，弹琴论道；还有棋弈、笔墨、书册，以供消遣。我们今天能读到文天祥的许多诗作，不少是写于狱中的。他当时在狱中刚写成的诗句，很快就会在大都城里流传。据说，当时有一位从故乡庐陵（今吉安）来的伙夫，出于对文天祥的极大敬重，就在囚禁文天祥的监狱附近搭起简舍，天天为文天祥烧菜送饭。

1282 年十二月，忽必烈下令处死囚禁于大都监狱长达三年零两个月之久的文天祥。从被俘到最终被处死的这四年里，文天祥面对死亡的心路历程究竟有何变化？在最初求“速死”与最终“只求一死”之间，他究竟有没有“不死”的想法，或者有没有一种“求生”的本能想法呢？这显然是一个难以遽然作答而又需我们去仔细解析的问题。如此，我们方可更全面地认识一位真实的英雄历史人物。

文天祥甫一被俘，就毫不犹豫地选择自杀，希望能“速死”，以保全自己始终忠诚于南宋的气节。然而遗憾的是，当时并没能如愿。被俘之后不久，文天祥一直情绪激昂慷慨，屡次求请速死，不过也未能成仁。在北解大都途中，故乡庐陵是北上必经之地，文天祥又计划绝食而死。他希望到达故乡的时候，正好可以饿死自己。所谓“首丘庐陵”，如果能死在自己的故乡，也可算作是一大宽慰。然而，一进入今天江西境内，囚车帘子就全部放下，文天祥只能在黑暗中度日，根本不知自己行至何方、身处何地。等到帘子再度被掀起的时候，囚车早已驶过故乡庐陵。绝食而死的计划，最终还是没能实现。文天祥自己后来也曾哀叹：“余尝服脑子二两不死，绝食八日又不死，未知死何日，死何所。哀哉！”

1279年，可以说是文天祥被俘的第一年。这一年，他祈求速死的愿望已然落空，不过求死的决绝态度，却丝毫没有改变。他在《吟啸集·高沙道中》说：“自古皆有死，死不污腥膻。”当时，文天祥“望旦夕死”，求死心态甚重。不过，一年之后，元廷似乎对文天祥也采取了冷处理，不再过多地派遣大员前去狱中劝降了。经过一年的牢狱生活，文天祥的心态似乎已有些微妙的改变。从他的诗作中，我们或可读获一点信息。在每年特定的时日，文天祥都会留下一些诗文，抒发当时心境。为比较文天祥前后心态的变化，我们可以作于不同年份的《端午》诗为例，稍加证明。

1279年，《指南后录·端午》诗云：

不知生者荣，但知死者贵。勿谓死可憎，勿谓生可喜。万物皆有尽，不灭唯天理。

1280年，《吟啸集·端午感兴三首》诗称：

千金铸镜百神愁，功与当年禹服侔。荆棘故宫魑魅走，空余扬子水东流。

当年忠血堕谗波，千古荆人祭汨罗。风雨天涯芳草梦，江山如此故都何。

流棹西来恨未销，鱼龙寂寞暗风潮。楚人犹自贪儿戏，江上年年夺锦标。

以上所引诗句，意思十分明晰，不必过多解释。我们可以特别留意的一点是，1279年的诗作，几乎“死”字不离口；而1280年的诗句，则已全然不见“求死”的高亢语句，仅仅感怀伤逝而已。到了1280年十月的时候，文天祥又作诗称：“只今便作渭水囚，食粟已是西山羞。悔不当年跳东海，空有鲁连心独在。”这一首诗作，涉及一个典故。周武王灭商之后，商人后裔伯夷、叔齐，宁肯饿死也不吃西周的粟米，最终饿死在首阳山上，以此表达自己忠于商朝不愿投降西周的忠诚气节。对于自己未能身死殉节，文天祥内心深处已经出现几分“悔意”。所谓“食粟”已“羞”，实则正体现出他某种求生意念。“速死”不得，“求死”不成，日久年深，最易改变人。文天祥心境有所变化，自是合乎情理的事情。

按照《宋史·文天祥传》的记载，元廷对文天祥的劝降意图，一直没有改变。元廷非常希望文天祥能出来做元朝大官。之所以要求他这样做，最主要目的是为取得原南宋旧民人心，以减少对元王朝的抵抗。而就在忽必烈准备亲自出面劝降文天祥之前，元廷派出原南宋官员王积翁等人前去狱中劝说文天祥降元，仍然许以高官厚禄，希望他能出来做元朝的官，为元王朝服务。《宋史·文天祥传》记录了文天祥当时的回答：

国亡，吾分一死矣。傥缘宽假，得以黄冠归故乡，他日以方外备顾问，可也。

文天祥的意思非常明确，只要不强求他出仕元朝，他可以选择不死，并愿以一名方外道士的身份，或可备元廷顾问。然而，这一说法又备受质疑。有论者以为，这话是王积翁等人自狱中带出来，经过他们的转述，已然不可从信。曾与文天祥一同被押解北上、关系非常近密的邓光荐，后来著有《文丞相传》。邓光荐曾提及，所谓“方外备顾问”的说法，其实只是王积翁等人向忽必烈提出的一种建议而已，目的是希望元廷能最终释放文天祥。这样做既可保全文天祥的生命，又可以保住元廷不杀旧宋大臣的美好声名，于双方皆无损。

邓光荐《文丞相传》的说法，或许是为英雄讳言。文天祥一直与道教有非常深密的关系，他早年的许多诗作都与道教有关，即便身系牢狱，他仍“静传方外学，晴写狱中诗”。元廷还曾派遣当时颇有名望的道士到狱中与文天祥见面，表面是为探讨道教问题，实则也是为了劝降。文天祥若真有悠游方外、以求不死的想法，并非绝无可能。我们今天去读文天祥在被俘三年间的诗作，可以发现一个非常明显的特征：在被俘的头一年，文天祥言死、寻死、求死的意念十分强烈；而第二年之后，对于“求死”的慷慨言辞，则已

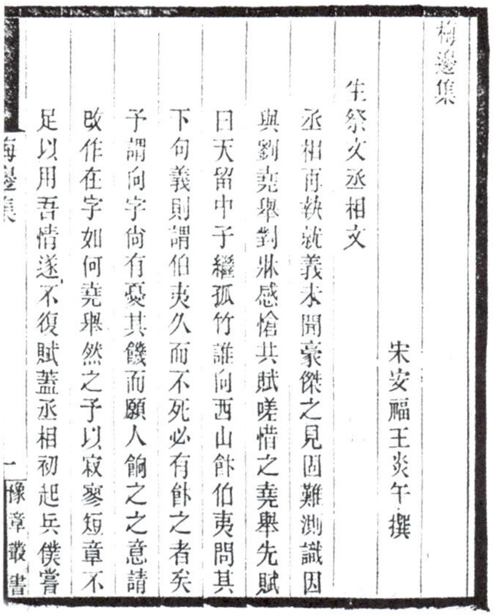
梅邊集

宋安福王炎午撰

生祭文丞相文

丞相再執就義未聞豪傑之見固難測識因與劉堯舉對牀感愴共賦嗟惜之堯舉先賦曰天留中子繼孤竹誰向西山餓伯夷問其下句義則謂伯夷久而不死必有餓之者矣予謂向字尚有褒其饑而願人餉之之意請改作在字如何堯舉然之予以寂寥短章不足以用吾情遂不復賦蓋丞相初起兵僕嘗

梅邊集　一　豫章叢書

图 2　王炎午《生祭文丞相文》书影

逐渐减弱。当然，岁月总是最易瓦解人的意志。倘若文天祥果真有“不死”的想法，那也是正常人的正常想法。这丝毫不损害他的大英雄形象。

文天祥被元军俘获之事，在原南宋臣民间引起很大反响。文天祥当时又面临怎样的社会舆论呢？这里不得不提及南宋士人王炎午。王炎午获知文天祥被俘消息后，随即撰写《生祭文丞相文》、《望祭文丞相文》等文，《生祭文丞相文》的目的是“以速丞相之死”。他声称，要在文天祥押解大都所经过的江西南部至北部的路途上，沿途张贴此文。他希望文天祥看到此文之后，不再要有任何犹豫或顾虑，尽快慷慨赴死。王炎午明确表达出他对文天祥可能选择“不死”的种种忧虑，所谓“或疑公留燕，可以久不死者”。王炎午期望文天祥“速死”以殉忠宋气节，这应该代表了当时不少原南宋士人的想法。原南宋宫廷琴师汪元量，也曾到大都狱中探视文天祥。汪元量不仅跟他谈论琴道，还“勉丞相必以忠孝白天下”，就是要他为南宋守节。王炎午、汪元量等均为南宋旧臣，他们对文天祥被俘之后的态度，应该说体现出的就是江南士人的一种普遍看法。他们大多冀望文天祥以死殉节。

当时文天祥所处境地实在尴尬。“死”或“不死”，已非个人之事。文天祥被俘之后，他对外界信息当有所了解。他的诗作屡屡在为自己辩白：“速死”不得，鄙人已悔；“求死”不能，奈何奈何！文天祥倘有“不死”的想法，或已难见容于江南士人。

遭逢此种历史巨变，我们并不能简单地将文天祥未能立即选择以死殉节，理解为是他在等待元廷的处置，由此而成就其“杀身以成仁”的意愿。事实上，这里面含有一种内心选择的矛盾，而这种矛盾是由现实环境所造成的。假若我们细加揣摩的话，或许除文天祥家人而外，那些要求文天祥忠诚于南宋的人，出于各种立场和目的，大多冀望文天祥以死殉宋。这当然无关乎人性，而是时代之事。文天祥最后从容赴死，全然是出于忠宋之志。这不止是他个人的选择，实在也是为时代所驱使。

在投降元朝与身死殉宋的选择上，似有两人可略作比较，这就是谢枋得与郑思肖。谢枋得曾五次拒绝元廷征召，不愿出仕元朝。在面对降元或者死节问题上，谢枋得表现得毫不含糊，只要不强迫他做元朝大官，他可以选择做元朝的子民；倘若逼迫他出来做元朝的官员，使其失忠宋之气节，谢枋得则“惟愿速死”。最终，谢枋得被福建地方官强行逼迫他去到大都。不久之后，他便选择绝食而死。谢枋得刚烈之气若此！

图 3　谢枋得像

图 4　郑思肖像

郑思肖反元的意志非常强烈，他不愿臣服于元王朝的统治，始终忠宋，自称南宋“孤臣”。他将自己的居室命名为“本穴世界”，寓意“大宋”二字。他精于画兰花，曾说“头可得，兰不可得”。他画的兰花都是无根的，以此表达他对南宋灭亡之后失去故土的那种沉重心态。不过，入元之后，郑思肖并未选择以死殉节。郑思肖选择“不死”的理由，是希望自己能亲眼目睹宋室中兴。这在《警终》、《大义略叙》等多篇文章中均有表露。他甚至认为，“大宋不以有疆土而存，不以无疆土而亡”，为自己选择“不死”而作辩解。

这两位具有强烈“忠宋”之志的南宋旧民，在面对宋亡元兴的现实之下，都具有强烈的求生意念，不约而同地选择“不死”。所不同者，谢枋得是在被强迫要求仕元的情形下，无奈选择以死殉节忠宋；而郑思肖最终选择“不死”，或称要亲眼看到大宋再度中兴，或拒不承认南宋已亡的现实，实则是选择“不死”的一种遁词。

简而言之，没有选择以死殉节的南宋遗民们，只要不被要求出仕元朝，他们就可以选择继续生存下去。前文所述王炎午，他在力劝文天祥死节的同时，自己却并未选择以死殉节，而终老于元泰定甲子岁（1324年）。倘若借由上述诸人的选择而反观文天祥，笔者以为，文天祥或有“不死”的想法，那实在是再正常不过。倘若文天祥一味只“求死”而无他，在被羁押的数年岁月中，他有的是机会与可能。谢枋得即是明证。

文天祥是位顶天立地的英雄，他忠诚于南宋的气节十分高洁。他最终引刀为快，以死全节，足可称万世人杰。不过，历史往往并非只是非黑即白的简单呈现，它有其自身的多面性和丰富性。“黄冠归故乡”之说，也绝非空穴之风。

二

文天祥被囚禁于大都监狱三年多时间，如何处理文天祥成为元廷一个十分棘手的重大政治问题。元廷不少官员都曾跟文天祥打过交道，如伯颜、唆都、张弘范等人，他们均曾见识过文天祥激烈不屈的意志和决绝的态度。文天祥刚到大都不久，元廷又派遣原南宋恭宗瀛国公、原南宋丞相留梦炎以及阿合马、孛罗等元朝大员出面劝降，不过始终没有结果。在此之后的两年间，元廷似乎对文天祥已作冷处理。至元十九年（1282），忽必烈最后决定亲自出面劝谕文天祥投降元朝。然而，文天祥的底线仍是不能出仕元朝。最终，忽必烈敕之以死。

忽必烈当日究竟面对怎样的局势，而必须敕死文天祥呢？

关于元廷处死文天祥之事，《元史·世祖本纪》在至元十九年十二月、至元二十年正月的纪事中，先后两次提及：

以中山薛保住上匿名书告变，杀宋丞相文天祥。

去冬中山府奸民薛宝住为匿名书来上，妄效东方朔书，欺罔朝廷，希觊官赏。敕诛之。……其敢以匿名书告事，重者处死，轻者流远方。

这是我们目前能看到的唯一官方记载。可以认为，这应当就是当日元廷颁告天下处死文天祥的官方说辞。按照这个记载，文天祥之所以会被处死，是由于中山府一位名叫薛宝住的“奸民”上匿名书，告发有人意欲挟持文天祥，以起事反元。谋逆反元，这可是罪可至死的重罪。

当时代的人们，对于文天祥被处死之事，所获得的相关信息也十分有限，基本上跟这个官方的说法是一致的。如郑思肖在《文丞相叙》中，对文天祥被处死缘由的描述，虽语多夸张，不过其主旨还是将其归因于中山府薛姓者匿名书告变事。而同处于那个时代的南宋遗臣谢枋得，在《与参政魏容斋书》中也说，文天祥被杀是由于“奸民诬告而枉死”。此外，《昭忠逸咏》一书也认为，“因狂人薛宝住妄书告变，指天祥为内应”，导致文天祥被杀。

待到至元中期的时候，刘岳申为文天祥写传，这次立传行为应是得到元廷官方授意或认可的。刘岳申所撰写的《文丞相传》，将元廷处死文天祥的责任推到一位名叫麦朮丁的参知政事身上。正是在麦朮丁的极力谏言下，才最终促成忽必烈决定敕死文天祥。麦朮丁是位回回人，他在其间所能起到的作用，事实上不能估计过高。不过，相较于此前朝廷仅凭一封匿名信就遽然处死文天祥而言，刘岳申提供的这种说辞，表面看来似乎更合乎情理。

事实上，关于文天祥为何最终会被处死的问题，邓光荐撰写的《文丞相传》更值得留意。邓光荐曾与文天祥同遭北解，后因病滞留于南京。文天祥与他关系较为近密，狱中所写诗作曾提及邓光荐。对于文天祥被杀始末，邓光荐的描述比较详细，归纳起来主要有以下四点：一是麦朮丁极力劝说忽必烈杀掉文天祥；二是"闽僧"谏言事，就是有一位福建籍的僧人，曾观测到当年天象将于元不利，要求元王朝加强提防；三是所谓"三台拆"；四是薛宝住与匿名书告变之事。邓光荐所列举的这四点，都与天祥被敕死之事有所关联。不过，似乎都未及要害。

文天祥被敕死半个世纪之后，元廷官方于至正三年至五年（1343—1345）编修《宋史》，《宋史·文天祥传》对于文天祥被处死始末以及各种缘由，所说又更加详备，总结起来也主要涉及以下四点：一是当日宰执议论不能释放文天祥，这显然指向的就是麦朮丁；二是"闽僧"进谏，大言天象于元不利；三是中山府薛宝住的叛乱以及京城现匿名书事件；四是当时元廷大员、左丞相阿合马被汉人击杀之事。

与邓光荐《文丞相传》不同的是，《宋史·文天祥传》特别提及当时阿合马被杀事。这是关乎当日元王朝政局稳定的一件大事。而这也正是修撰《宋史》史家们的目光敏锐之处。至元十九年，元廷所发生的诸多政治事件中，影响最大者，莫过于宰执大臣阿合马被杀。阿合马为忽必烈皇后察必的陪嫁侍臣，极为得宠。至元十八年（1281）正月，察必皇后去世。真金太子与阿合马不和已久，阿合马在朝中地位有些尴尬。不过，忽必烈却对他仍然信任有加。

至元十九年三月，忽必烈前脚刚离开大都前往上都（今内蒙古自治区正蓝旗），随后大都城内就发生阿合马被击杀之事。阿合马被杀似乎是一件汉人合计很久的事情。当时益都千户王著，与一位名叫高和尚的人，假借太子名义要召见阿合马。阿合马接到此信，立即前去觐见太子。待阿合马现身，早已埋伏好的人员，随即冲上前去，用一铁锤，将他锤杀。如此重要的朝廷宰执官员在毫无预兆的情况下惨被锤杀，这对忽必烈的震动之大，完全可以想见。虽然后来证实阿合马有蠹国害民的罪行，但这本应该由忽必烈来追究处置才是。而现如今，却被一群汉人给突然击杀了。

当日朝廷原本就存有"回回法"与"汉法"两派之间的政争，此事发生之后，忽必烈似乎对汉人大臣开始疏远了。阿合马被杀事件，若与当日汉人起事的情势联系起来观察的话，我们不能说它是一件完全孤立的事件。或许也正是因为回回人阿合马被汉人所击杀，麦朮丁才极力谏言处死文天祥。若从其身份属性来考虑此事件的话，或许更契合麦朮丁的真实本意。

由上所述可知，至元十九年所出现的系列事件并非孤立，它折射出元廷当日政局的不稳定。这其中不仅涉及汉人与回回人之间的争斗问题，还涉及元廷对故宋遗留问题的关注与处置。忽必烈不仅采取更强硬的措施来进一步处理赵宋宗室所遗留的问题，还决定亲自出面招降文天祥，并在最终无果的情形下将他处死。然而，元廷对于处死文天祥之事显然又有所顾忌，于是又将处死文天祥的缘由归于匿名书告变事，并以此昭告中外。事实上，敕死文天祥之事远非那么简单，邓光荐以及《宋史》修撰者们所提供的信息即已揭示出这点。

三

元廷处死文天祥，是元王朝对南宋遗留政治问题加以处置的一步棋。文天祥始终不肯降元，他的存在就是南宋存续的一种象征。对于部分南宋遗民们来说，文天祥未死，也许恢复大宋就仍存有一丝希望。这是元王朝最为担心的事情。文天祥可以说是一颗随时可能引爆的“定时炸弹”。因此，是否处死文天祥，成为当时忽必烈必须面对的政治抉择。而忽必烈要做的，就是彻底瓦解原南宋遗民们抵抗元朝的意志，要将他们心中最后的一丝希望浇灭。

元灭南宋之前不数年，文天祥曾赴北方与元军统帅伯颜进行谈判。当时，元朝对南宋的态度是，只要南宋投降，元朝方面“决不动三宫九庙”。也就是说，南宋的皇帝、皇太后、皇后都可以仍旧待在临安旧都（今杭州），享受优渥的待遇。不过，这次谈判以失败告终，南宋没有接受元朝方面的要求。文天祥也乘机摆脱元军监视，逃回南宋。

元军进入临安前，文天祥和张世杰等大臣曾经请求皇太后、皇后和皇帝迁往沿海地带，或者干脆到海上去，以躲避元军锋芒。不过，这个建议遭到拒绝。为保存赵宋余脉，在部分大臣的保护下，南宋度宗的两个儿子益王赵昰和广王赵昺，秘密逃出危机重重的都城临安。这两位王子在陈宜中等大臣的护卫下，辗转经婺州（今浙江金华）、温州等地，最后到达福建地区。后来，这支南宋抵抗力量计划以福建、广东为基地，伺机北上收复江西和两浙部分地区。然而，元军很快又进逼闽广地区，这个南逃的南宋小王朝根本无力抵抗。数年之后，这支南宋最后的力量，以兵败崖山而告终。小皇帝也由大臣背负，投海而死。南宋彻底覆亡。

至元十三年（1276），元军入临安，事实上已宣告南宋灭亡。这个时候，南宋已失去跟元廷讨价还价的资本。南宋方面曾给伯颜去信，以太皇太后年事已高、小皇帝仍然年幼作为理由，希望元军能网开一面。元军统帅伯颜强硬地回复说："尔宋昔得天下于小儿之手，亦失于小儿之手，其道如此！"意思是说，当年赵匡胤从后周孤儿寡母手中夺取帝位，而如今南宋帝业失于孤儿寡母之手，这实在是天道如此，不必多言！最终，宋恭宗赵㬎、全太后以及赵宋宗室等重要成员，都被押解至大都，可谓"三宫"全动。当时，宋末恭宗赵㬎仅获"免牵羊系颈之礼"，这已算是一种特别的优礼了。在随后的数年间，反抗元朝的南宋军民仍在南方坚持反抗。至元十五年，文天祥则被元军俘获。

南宋虽亡，然而试图反元的原南宋旧势力，却仍在各地有所异动。至元十九年，是一个极为特殊的年份。这年春天，有一位"闽僧"向忽必烈谏言，声称当年天象于元不利。该年十一月，天象果然得到应验，所谓"土星犯帝座，疑有变"。这位"闽僧"，绝非泛泛之辈，他能密近天光，于禁中献纳谏言，肯定跟元廷关系十分密切。此外，就在这年的三月，大臣阿合马被有预谋地暗杀；而司天台又突然倒塌，预示着一种不祥。这一系列的事件，放置到一起，肯定会令忽必烈惊疑不已。

就在这年的十二月乙未，中书省官员进言，提议将瀛国公赵㬎、全太后以及赵宋宗室的重要成员，进一步北撵去上都，以尽可能隔绝他们与中原或南方汉人之间的联系，防止有人借机起事反元。这一建议得到忽必烈的批准。也就在这个时候，中山府薛保住上匿名书告变，称有人意图到狱中救出文天祥，打出南宋旗号，伺机准备反元。此事所系甚重，自然不能等闲视之。它最终导致文天祥被元廷处死。

不仅如此，紧接其后，又发生更为骇人的大事件。当时，总管全国佛教事务的西番僧杨琏真珈，与福闻、允泽这两位南方僧人，一起合谋盗掘了位于今天绍兴的南宋皇陵（又称南宋“攒宫”，指暂时安葬的陵寝）。这是宋末元初江南地区发生的另一起重大政治事件。以前通常认为，盗掘南宋皇陵的事情发生在至元十五年，因为当时“庶事草创，而妖髡得以肆其恶”。不过，宋末元初当时代的人周密曾记载说，盗陵之事发生在至元二十二年（1285）。值得注意的是，据《元史·世祖纪》记载，至元二十一年（1284）九月，“丙申，以江南总摄杨琏真加发宋陵冢所收金银宝器修天衣寺”。这则记载显示，至元二十一年正月之前，南宋皇陵实已遭盗掘。

我以为，绍兴南宋皇陵遭盗掘，理应发生在元廷敕死文天祥之后，即至元十九年至至元二十一年之间。这似乎更合符当日的历史实情。至元十五年，亡宋之初，元廷当对原南宋臣民应多加安抚，以减少抵抗，稳定人心。若于此时挖掘南宋皇陵，反而容易激起南方民愤，这无异于给自己增加不必要的政治风险。再者，至元十五年，杨琏真珈到任杭州不久，对南方情形尚不熟悉，贸然盗挖南宋皇陵，也不符常情。若在至元十九年之后盗掘宋陵，则更顺理成章。最大的缘由是，当日对待旧宋的政治情势已经生变：南宋末帝瀛国公、全太后以及赵氏宗室被递解至更北方向的上都，而文天祥又被敕死。杨琏真珈选择在元廷处理南宋遗留政治问题的当口去挖掘南宋皇陵，正是在元廷处理旧宋问题态度愈趋严厉的这个大背景下出现的。这一系列历史事件发展的逻辑链条，于此清晰可辨。

杨琏真珈之所以要盗掘南宋皇陵，一方面固然是为了获取财宝；另一方面则要在毁掉南宋皇陵的基础上，毁弃南宋皇帝们的尸骨，另建一塔，将尸骨埋于塔下，这应该就是一种所谓的“厌胜”术，试图以此彻底地压制住南宋复国的任何可能。

杨琏真珈盗掘南宋皇陵事件的余响，一直延续至元明之际。宋濂《书穆陵遗骼》提及此事。宋濂将盗掘宋陵的责任全部推到西番僧身上，起主意的是嗣古妙高，而促成此事的则是杨琏真珈与桑哥。这种描绘完全不同于元代周密、陶宗仪等人的记述。明初人的这种描述，不免让人怀疑。明太祖朱元璋反元，他的旗号就是“驱逐胡虏，恢复中华”。宋濂为明太祖随侍文臣，许多诏命典诰都出自于他的手笔。宋濂撰写这篇文章，显然是以明朝官方的口吻来书写的。明初故意将盗掘宋陵之事的责任全部推到西番僧身上，而与江南汉族僧人完全无涉，这实在是出于政治上的一种考虑。

据称，宋理宗的颅骨作为一种饮器，曾在大都宫廷出现过。元亡明兴，洪武三年（1370），明廷将理宗头骨重新安葬于绍兴旧穴，立起“大明敕葬宋理宗顶骨之碑”。现在碑文已漫漶不清。明初急于就有关南宋皇陵遭盗掘的前朝遗事加以处理，实际上是朱明政权在为其取代元王朝统治的正当性而张本。

在历经处死文天祥以及盗掘宋陵事件之后，元廷意图重新修复与南方的关系，以安抚江南士人与民众。至元二十三年（1286）二月，忽必烈派遣程矩夫南下求贤，试图寻求江南“好秀才”，要求他们出仕元朝。或许，这正是忽必烈对原南宋地区统治态度的一种变化。当时，原南宋旧地的人被称为“南人”，他们多被排斥于官场外。忽必烈派遣程矩夫南下搜访遗逸，主要是将南人安排到御史台、按察司等机构任职。这次搜访出来的南人，就包括有大名鼎鼎的赵孟頫。

瀛国公赵㬎和全太后被递解到上都后，全太后入庵为尼，最后终了于北方；赵㬎则于至元二十五年（1288），被发配到吐蕃学习佛法。当时他年仅十九岁。他后来拥有“合尊大师”之号，又号“木波讲师”，成为一代学问大家。他对佛教因明学的研究，造诣极深。1323年，由于元王朝内部的政治争斗，赵㬎最终没能逃过劫难，被元廷赐死。据说他死时流的血是白色的。这是后话。

张海英

复旦大学历史系教授、博士生导师。历史学博士。长期从事明清史、中国古代经济史、经济思想史领域的研究工作，讲授《中国古代史》、《明清史》等课程。已出版《明清江南商品流通与市场体系》等学术专著。在《历史研究》、《中国经济史研究》、《中国社会科学（英文版）》、《学术月刊》、《社会科学》等杂志上发表《明中叶以后“士商渗透”的制度环境——以政府的政策变化为视角》、《明清江南市镇的行政管理》、《明清商业思想发展及其转型困境》等学术论文多篇。

晚明时局与崇祯帝的悲剧

大明王朝从 1368 年朱元璋洪武建元开始，到 1644 年崇祯帝于煤山自缢身亡，前后 277 年，之后又有南明朝廷延续至 1662 年。晚明时期，通常是指从万历初（1573 年）至崇祯末（1644 年）的这段时间。

晚明时期的中国历史是值得关注的。从经济层面而言，这一时期的中国经济充满生机与活力，中国的茶叶、东南沿海地区的丝棉纺织品及瓷器大量进入世界市场，中国经济开始卷入“全球化”贸易的旋涡，并与全球经济发生密切关系。与此同时，伴随着“西学东渐”，思想领域也发生着巨大的改变，早期全球化对当时中国的经济和文化已经开始产生重大的影响，可以说，这是一个中国开始融入世界的时代。但是随着张居正改革的人亡政息，大明朝臣们陷入了无休止的内耗争斗，最终在攘外与安内的两难选择中，在内忧与外患的双面夹击下，明王朝不可挽回地走向覆亡，崇祯帝也演出了一幕并非亡国之君的亡国悲剧。而从繁华的顶峰跌至覆亡的低谷，前后只不过数十年的时间。

昙花一现的万历新政

谈及晚明历史，不能不提万历新政。万历初，辅佐年幼皇帝的张居正，亲眼目睹嘉靖、隆庆时期的混乱政局，指出了其时“皇室骄恣，庶官渎职，吏治因循，边备松弛，财用大匮”的五大弊端，提出“国家兴亡，重在吏治；朝廷盛衰，功在财政”的整治对策。在万历帝继位的头十年，他通过整顿吏治、赋役改革和加强边防，令大明王朝气象一新。

在吏治方面，张居正认为，天下的事情，不在难于立法，而在难于有法必行；不在难于听其言，而在难于言必有效。他针对当时各级官吏“毁誉失实”、“名与实爽”，各衙门因循敷衍的官场之风，于万历元年（1573）实施“考成法”。在考成法里，他着重解决有法必依、言出必效的问题。他规定，各衙门除例行公事外，立文册二本，一本送六部备注，公事办完一件，便注销一件；一本送内阁备考。他以内阁督察六科，又以六科监督六部，各项公务按轻重缓急及道里远近定有期限，层层考核，月有小考，年有大考，办事不利者则受到处罚。这样一来，各级官吏相应紧张起来，对中央发布的政令，再也不敢敷衍塞责。同时，使建言立法者也要考虑到政令的可行性，不敢随意指手画脚，发号施令了。

这样，没有新增机构，也不另选官吏，更没有大的制度变更，仅通过几个公事登记簿，就一变姑息委徇而为雷厉风行，大大提高

图 1　张居正像

了办事效率。使得中央一声号令，虽万里之外，也能达到朝下令而夕奉行的效果。同时，在整顿吏治过程中，针对各级官吏“毁誉失实”等弊病，张居正提出了“综核名实”的整顿原则，尤强调“用人唯才”的准则，主张官吏的取舍任免，一切以实绩为准。据此，张居正裁撤了一批冗员，奖励了一批勤政能干的官员，在一定程度上改变了嘉靖以来冗官冗员的现象，令官场此前姑息委徇的行事风格大为改变，史称“大小臣工鳃鳃奉职，中外淬砺，莫敢有偷心”。万历前十年也成为明代历史上继洪武朝之后又一个官场行政效率比较高的时期。

明中期以后，“虏患日深，边事久废”，嘉靖时的南寇北虏之患尚记忆犹新。故而整饬边防是张居正改革的另一重要内容。隆庆时，张居正就是戚继光整顿蓟镇防务的重要支持者，他也是王崇古处理“俺答封贡”的支持者，从而使得四境得以暂时安宁。万历年间，张居正仍不断加强对北边的防御工作。蓟州为华北重镇，嘉靖年间的庚戌之变，俺答兵就是从此入关直抵北京。因此，张居正将戚继光调至蓟州，任命他为总理练兵事兼镇守，以区别于一般总兵，同时，将浙江的三千戚家军北调，作为守边的骨干。他积极支持戚继光的整顿防务计划，戚继光镇守蓟州十五年，北边得以安宁无事。经隆庆议和后，俺答部基本不再为害，但其他部落如小王子部仍率众十余万不断骚扰辽东地区。张居正便调李成梁镇守辽东。李成梁师出必捷，威震辽东。明朝四边暂得安宁，对安定北方人民的生活和保障社会生产的发展起了积极的作用。

“国用不足”、“府藏空虚”是张居正上台后所面临的严峻的财政形势，而明政府的财用匮乏，在嘉靖后期就日显危机。如嘉靖三十一年（1552），京边岁用之数为五百三十一万，嘉靖三十二年（1553）为五百七十三万，均超过府库收入（岁入二百万两）三百多万。隆庆年间危机更甚。隆庆元年（1567）十二月，明穆宗命户部盘查库内太仓粮银出入数，结果令穆宗大吃一惊。当时库内所存库银只能支撑三个月，存粮尚不足维持二年。而按当时一般的积贮标准，若无三年之蓄，则曰“国非其国”。穆宗在位的六年，反映当时政府财政紧张的记载年年都有。由此可见，明政府的财政可谓匮乏到极点，几乎到了山穷水尽的地步。

因此，理财也就自然而然成为张居正改革的重点，他提出了“量入为出”、“痛加节省”的原则，如抑制国家财政和宫廷财政的支出，其中包括削减官员编制和宫廷织造项目，节约宫廷节庆、宴会开支，抑制大规模工程、营造以及强化边镇的钱粮与屯田的管理，强化户部的财政事务管理机能等措施。还以廉洁爱民作为确定官吏升黜的标准，尽量节省开支，杜绝官吏扰民之弊。

明中叶财政危机的产生，除却边防用兵、皇室无度的原因，国家赋税征收的严重混乱和不均，也是其重要原因。由于贵族、官僚和地主隐瞒其所兼并的土地，拒不纳税，经常出现小民田产已失而赋税照纳，而大户田产增多却无税粮的局面。要想解决这一问题，就必须清丈土地和改革赋役制度。万历五年（1577），张居正提议清丈全国土地，第二年，正式下令清丈。这次清丈土地，查出了部分官豪势家隐匿的土地，侵犯了他们的既得利益，故而遭到豪强势家的反对。但张居正以事关社稷，不惧生死的决心，坚持进行。到万历九年，土地丈量结束，全国共查出七百多万顷土地，大大超过了明前期全国的税田总数，使明政府控制的纳税田地面积有了大幅度的增长。这对于改变“小民税存而产去，大户有田而无粮”的不均状况，具有一定的积极作用，同时也为一条鞭法的推行奠定了基础。

万历九年（1581），张居正在清丈土地的基础上，结合嘉靖、隆庆年间桂萼、庞尚鹏和海瑞等人的赋役改革经验，在全国范围内推行了一条鞭法的赋役制度。一条鞭法的实行，简化了赋役的征收手续，它将过去单项分征的田赋、劳役和各种杂税都归并为一，“计亩征银”，用货币税制代替了行之久远的劳役、实物税制，使税制由“度人而税”向“度地而税”的演变前进了一大步，是我国赋役制度史上的重大改革。徭役征银的办法，使农民对封建国家的人身依附关系有所松弛，比较容易离开土地，为城镇手工业提供了更多的劳动力。而赋税征银，则对货币地租的产生和部分农产品的商品化起了一定的促进作用。

经过清查土地和赋役改革制度，明政府的财政收入大有好转，从历年的严重亏空，变为绰有剩余。史称太仓米粟可支数年，府库贮金也高达四百万。万历五年（1577），太仓银库岁入数是隆庆元年（1567）的 2.17 倍，万历九年（1581）的 1.85 倍，万历十四年（1586）的 1.95 倍。此外，吏治腐败现象有所遏制，边疆防御也大有改观。万历时期成为明朝最为富庶的几十年，不是偶然的。

但是，由于新政触犯了执政的官僚集团、皇室和大土地所有者的利益，遭到了整个官僚集团的消极抵制。新政之初便被视为过于严厉，过于操切，从而遭到猛烈的反对。万历十年六月，张居正因病溘然长逝，反对者更是群起攻之，此前曾支持张居正改革的万历皇帝态度大变，“（下）诏尽削居正官秩，夺所赐玺书、四代诰命，以罪示天下”，并抄没张居正家产。张居正当政时所重用的官吏大都被贬斥，改革措施也逐渐遭到破坏。十年新政，付诸流水。

万历新政失败的原因是复杂的。黄仁宇曾指出，张居正的悲剧源于他以个人权威所进行的改革触动了整个文官集团的利益，因为他把所有的文官摆在他个人的严格监视之下，并且凭个人的标准加以升迁或贬黜，因此严重地威胁了他们的安全感。这些官员之间关系复杂，各有他们的后台老板以及提拔的后进。他们又无一不有千丝万缕的家族与社会关系，因之得罪了一个人，就得罪了一批人；得罪了一批人，也就得罪了全国。这种改革是为当时的制度所不能允许的，因此，失败也是必然的。

从制度安排的角度言之，传统政治体制下的制度缺陷是当时的改革者难以逾越的一道坎。万历新政仍然只能是当时传统政治体制内的一种调整行为，而这种体制内的调整终究是有限度的，它要受到各方面的制约。首先，支撑现有体制的利益集团的利益不能受到损害；其次，改革派自身的利益也必须得到保障。因为，在某种程度上，改革派自身也是一个利益集团，它往往依靠其对改革过程中决策的制订及实施过程中权力的掌握而形成新的特权集团，从而有意无意地游离于改革的目标指向之外。这一切也都直接影响到改革的最终成效。

在中国古代，特别强调以德治国，总是寄希望于圣人的教化，明君的自觉，清官的表率，能吏的勤政，往往缺少制度规范。但是，历史事实表明，仅靠官员道德的自我约束是不够的，因为它不可能从根本上解决权力逐利的本性。张居正改革最终未能完成制度性的设计，使体制有一种自我适应和调整的能力，而仅仅依赖于体制内个人的良知与威权进行改革，最后难免失败的命运。特别是中国封建社会皇帝一言定法或废法的时代，政以人举也必将以人亡，成于斯者败于斯。这是专制主义政体下政治变迁和社会改革的普遍现象，万历新政自也不能跃出这一窠臼。

张居正身后的个人悲剧进一步恶化了晚明的官场生态。其生前荣蒙隆恩圣眷、死后皇帝翻脸无情的悲惨下场，令继任者们深以为戒，他们失去了谏诤的勇气与信心，变得小心谨慎，唯唯诺诺，做事不求有功，但求无过，只满足于尸位素餐地混日子。紧随而来的“倒张运动”，更是暴露了中国古代官场得意时门庭若市，蒙难时落井下石的恶劣痼疾。“当其秉政之时，举朝争颂其功，不敢言其过。至于今日既败，举朝争索其罪，不敢举其功。”对此，明末学者文秉的批判一针见血：“江陵在位，大小臣工咸以保留献媚为事，直谓朝无人焉可也。迨江陵殁，而后来权势远不相及，于是气节自负者咸欲以建白自见。”

同时，由于张居正离去，朝内少了一位强有力的制衡人物，朝臣之间原有的矛盾争斗不断激化，开启了晚明政坛的派系门户之争。“居正的不在人间，使我们这个庞大的帝国失去重心，步伐不稳，最终失足而坠入深渊。它正在慢慢的陷于‘宪法危机’之中。在开始的时候这种危机还令人难以理解，随着岁月的流逝，政事每况愈下，才真相大白，但是恢复正常步伐的机会却已经一去而不复返了。”（引自黄仁宇：《万历十五年》）发展到后来，士大夫意气用事，争名逐利，互相攻击无所不用其极，乃至结党营私，是非不分。如果说万历一朝朋党之争，其源盖出于此，也不算过分。

张居正的悲剧也宣告了明王朝已经去日无多了。好在“真理是可以等到的，因为它长久存在”。神宗亲手制造的大冤案，留给了他的子孙们去平反。天启二年（1622），明熹宗给张居正恢复原官，给予祭葬礼仪，张府房产没有变卖的一并发还。崇祯三年（1630），明思宗又给还张居正后人官荫与诰命，并钦定张居正“功在社稷，日久论定”。当大明王朝行将崩溃之时，崇祯帝“抚髀思江陵，而后知得庸相百，不若得救时相一也”。人们感慨于此，在江陵张居正故宅题诗抒怀，有两句云：“恩怨尽时方论定，封疆危日见才难。”此堪称史诗，也是张居正身后功过是非的真实写照。

随着天启初为张居正平反翻案，官员们又要忙于各自的洗白保身，“党同伐异”之风在随后的晚明政治中愈演愈烈，致使晚明朝政在朋党政治的泥淖中越陷越深。天启后期，阉党乱政，残害忠良，“朝中善类为之一空”，将万历新政带来的社会新气象折腾得荡然无存。此前的“万历三大征”已将万历新政的经济红利基本耗尽，特别是万历二十年至二十六年（1592—1598）的朝鲜之役，使明政府经济上国力大伤。战争过程中诸多外交事件的处理上，明朝政治机制的低能和政治的腐败均暴露无遗，故而朝鲜战争亦被视为明朝由盛而衰的一大转折。新政的失败，党争的兴起，辽东的危局，使大明王朝失去了最好的一次中兴机会，预示着明王朝真的开始走下坡路了，故后人有“明之亡实亡于神宗”之叹。

崇祯帝的悲剧

当万历朝富庶的光环渐渐褪却之时，明王朝开始了其不可回转的颓废之路。崇祯帝即位之时，所接手的已是一个内外交困、难以收拾的烂摊子——吏治腐败、国库空虚、境内民变不断、边境狼烟四起。“今日吏治、民生、夷情、边备，事事堪忧”，是其处境最生动的写照；而“此时不矫枉振颓，太平何日可望”之感叹，透露了其内心的焦虑与期冀拨乱反正、中兴大明王朝的强烈愿望。为此，他几乎食不甘味，寝不安枕，孜孜不倦地探究新政的举措。

然而，长年累月形成的官场积弊，已经成为一种风气，决不是明察苛求所能奏效的。作为一个年仅十七岁的年轻皇帝，他求治心切，却又自视甚高，猜疑多心，对臣下旦夕责效，趋于繁苛。崇祯一朝十七年，兵部尚书换了十四人，刑部尚书换了十一人，内阁大学士前后任用五十人，还有七名总督、十一名巡抚被杀。

“重典绳下”的直接后果更是导致了君臣之间开始离心离德。朝中大小臣僚因“功令太严，(皇上)恩威莫测”，深恐一不小心，触犯龙颜，性命不保，故而不敢出头做事，敢于犯颜直谏的人越来越少。这使得崇祯帝身上的缺点不仅得不到克服，反而越来越严重，最终造成臣下畏首畏尾，莫敢尽言，沦为皇上一人独劳，导致“求治之心操之过急，不免酿为功利，功利之不已转为刑名，刑名之不已流为猜忌，猜忌之不已积为壅蔽”的局面。

这种局面使得崇祯帝希望禁绝朋党的急切期望化作泡影，在强大的惯性带动下，朝内士大夫“各是所是，各非所非，恩怨相寻，冰炭互角”，整个崇祯朝党争从未间断。从温体仁攻讦钱谦益事件，到由袁崇焕之狱引发的钱龙锡案，及至温体仁与周延儒的倾轧，各种政治纷争与权力争夺，演化成一幕又一幕的乌烟瘴气的党争。“体仁以告讦见知于上，结党之说深启圣疑，攻者愈力，而圣疑愈坚矣”。崇祯帝也不禁无可奈何地喟然长叹：“诸臣但知党同伐异，便己肥家！”致使“卒之君子尽去，而小人独存，是毅宗之所以亡国”。无谓的内耗争斗，直接削弱了明政府的统治能力，加剧了日益严重的边防与内政危机，使得明政府面对着内外交困的社会危机，自乱阵脚，力不从心。

以边防而言，从熊廷弼到孙承宗，再到袁崇焕，几任有为的辽东边将，莫不因朝内党争而受牵连。熊廷弼遭“阉党”诬陷，落个被杀后又传首九边的下场；孙承宗因受“阉党”爪牙无端攻击，被迫辞官回乡；袁崇焕的悲剧固然有皇太极反间计的影响，但同时也是明末党争的直接恶果。崇祯帝最初下令逮捕袁崇焕时，并没有要把他处死的意思，只是“暂解任听勘”而已。当时，朝廷大臣中也多有为袁崇焕鸣冤者，只是惮于皇上震怒，而未敢轻易进谏。但是，朝臣争斗中一些别有用心的人，唯恐天下不乱，把袁崇焕与党争纠缠在一起，由袁崇焕牵连到内阁辅臣钱龙锡，终于使袁崇焕的罪状层层加码，丧失了转圜的可能，使事情越来越复杂，以致无法收拾。为了达到个人或一己小集团的利益，往往欲置对方于死地而无所不用其极，更把国家社会利益丢诸脑后，这是明末党争最典型的特点。如果当时朝廷内外能够同心协力，一致对外，又何至于到此地步？

对崇祯帝而言，杀袁崇焕无异于自斩手脚，自毁长城，此后再难谋求足以克敌制胜的帅才，辽事更加难以收拾。“自崇焕死，边事益无人，明亡征决矣”。

内政方面，即便到了国内民变蜂起，李自成农民军已经火烧凤阳明祖陵的地步，以温体仁为首的朝臣仍然无动于衷，醉心于党派争斗，从内阁到六部依然我行我素，丝毫没有改弦更张的意思，听任局势的日益恶化。党争的结果，使明政府彻底丧失了全面掌控内外局面的能力。面对日益严重的民变危机，在抚与剿之间犹豫不决，举棋不定；面对日益恶化的边境局势，在对清兵和与战中优柔寡断，丧失了一次又一次的机会。因此，人们说明末党争导致明朝灭亡，是毫不为过的。

崇祯帝的悲剧让我们看到，晚明社会的政治体制面对外来的经济文化冲击，竟是如此的麻木不仁与无所作为。晚明时期开始的全球化对当时中国的经济和文化已经开始产生重大的影响，但是，这种影响并没有改变中华帝国的统治者对世界的看法，对统治者来说，政治体制与权力运作仍然是中华帝国的老传统。从万历到崇祯的几十年间，朝廷上下都忙于政治派系之争，忙于窝里斗，而且斗得不可开交，听任政治的腐朽性极大地消耗它的国力，使它在经济全球化中的优势逐渐丧失。最后，在东北崛起的满洲铁骑和内地农民起义的双重夹击下，明朝廷陷入了内外交困之中，最终于无奈之中，走到了其历史尽头。因此，明亡的祸根，实在是历久深远，不待义军蜂起、清兵入关，明朝的生命力已在人与人之间无尽的内耗中斲杀殆尽了，至崇祯时，已是“大势已倾，积习难挽，在廷则门户纠纷，疆埸则将骄卒惰，兵荒四告，流寇蔓延，遂至溃烂而莫可救”。

这也是崇祯帝亡国悲剧的丰富内涵。

大明王朝的覆亡让我们清晰地看到，中国传统政治体制中的诸种弊端，到了晚明时期已是腐因毕呈，沉疴难起。从张居正所倡导的万历新政因“政以人举又以人亡”的失败，到崇祯帝——“一个并非亡国之君”的亡国悲剧，他们殚精竭力，使出浑身解数，最终仍不堪重负，筋疲力尽地倒下，而无力改变明朝衰亡的命运。这也昭示人们，在这种制度框架下，所谓的经济繁荣是多么地不堪一击，而诸多个体的努力又是多么地苍白无力。没有一种有效的制度安排与体制保护，再繁华的经济大厦也是非常容易倾覆的。晚明时局的历史变迁表明，中国传统政治制度的治理效率与应变能力，实在已无力支撑与掌控明朝历史的大变局。

全球史视野的启示

崇祯十七年三月，李自成攻陷北京，崇祯帝走投无路，于紫禁城北面煤山（景山）的一棵大树上，自缢身亡。临终前他在衣服上写下遗诏：“因失江山，无面目见祖宗于地下”。并自去冠冕，以发复面。

至此，受命于危难之际的朱由检在位十七年，试图挽狂澜于既倒，缔造中兴局面，虽然出现了转机，但终于未能成功。在内忧与外患的两面夹击下，最终无奈地上演了一幕“并非亡国之君的亡国悲剧”。

从前述“吏治、民生、边备、夷情”等层面的分析，大明王朝的倾覆已是不可避免。但正如有学者指出的，这些毛病在王朝的早

图 2　崇祯殉国处

期、中期也都存在，不照样可以拖它百来年，甚至长达一二百年？即便在明朝经济繁荣的顶峰——万历时代，民变就已发生。从万历二十七年至四十二年（1599—1614），全国各地先后发生民变、兵变数十次。尔后民变不断，规模日大，演变为民众武装暴动或农民起义。甚至万历皇帝二十年不上朝，经济不是照样“花团锦簇”，惹得一些史家称羡不已？再说彻底些，无论哪个王朝，农民的日子都好不到哪里去，农民个别的、零星的反抗无时不有，但真正能撼动根本、致王朝死地的大规模农民起义，二三百年才有一次。[1]明亡，为什么偏偏是崇祯朝？

这里，全球史的研究视野给我们以新的启示。

从全球史的角度观之，这一时期全球许多国家和地区普遍存在着经济衰退、人口减少、社会动荡、政权更迭等危机，这一现象被

① 王家范：《明清易代的偶然性与必然性》，《史林》，2005 年第 1 期。

称为“17 世纪危机”。

对于 17 世纪危机表现的认识很早就已存在，但作为历史学命题的“17 世纪危机”，是英国著名史学家 E. J. 霍布斯鲍姆于 1954 年在创刊不久的《过去与现在》杂志上发表的《17 世纪危机》中正式提出的。相关文章在 1965 年以《1560—1660 年的欧洲危机》（这段时间相当于明朝嘉靖三十九年至清朝顺治十七年间）为题结集出版，当时对于危机的讨论还是着眼于欧洲。此后人们逐渐认识到了在全球许多国家和地区普遍存着类似的危机现象，1978 年出版了《17 世纪普遍性危机》一书。

1973 年，英国学者阿谢德率先将“17 世纪危机”的研究引入中国研究，他发表了《17 世纪中国的普遍性危机》一文。美国学者魏斐德的《中国与 17 世纪危机》（1985）探讨了中国 17 世纪危机的 表现及如何走出危机。这些均启示我们从全球史的角度关注大明王朝的覆亡。

在影响“17 世纪危机”的诸多因素中，学者们尤关注到气候的影响。他们注意到，北半球气候自 14 世纪开始转寒，17 世纪达到极点。15 世纪初以后，出现过两个温暖时期（1550—1600 年和 1720—1830 年）和三个寒冷时期（1470—1520 年，1620—1720 年和 1840—1890 年）。大体而言，16 世纪和 18 世纪可算温暖时期，而 17 和 19 世纪则为寒冷时期，其中又以 17 世纪为最冷。因此，有学者直言，全球气候变化是 17 世纪世界普遍危机的重要原因。

明代后期（万历二十八年至崇祯十六年，1600—1643），被视为中国历史上的第五个小冰河期。这一轮“小冰河期”，使得明代后期

图 3　明末灾荒死亡图

全国进入一个异常干旱的时期。其直接影响便是明末北方地区的大旱灾以及随之而来的大蝗灾、大瘟疫。综合南北方志的记载，灾变的前兆可追溯至嘉靖前期，万历十三年（1585）开始变得明显，但时起时伏，崇祯一朝才达到灾变的高峰。

明末干旱引起的特大蝗灾，始发于陕西东部、山西南部及河南开封一带。崇祯十年开始，蝗灾向西扩展到关中平原，向东扩展到以徐州为中心的山东及江苏北部，然后扩展到南起淮河、北至河北的广大地区。崇祯十一年后又开始向长江流域扩散。崇祯十三年黄河长江两大河流的中下游和整个华北平原都成为重灾区。崇祯十四年华北蝗灾开始减退，但是长江流域蝗灾却继续发展。

据郑廉《豫变纪略》中记载：河南从崇祯三年至崇祯五年，连续三年大旱，崇祯六年，郑州大水；崇祯七年至十四年，河南连续八年夏天大旱，蝗灾；期间崇祯九年秋，开封商丘大水，崇祯十三年，大旱、蝗灾的同时，上蔡、洛阳地震，“斗米千钱，人相食”；崇祯十四年二月起，“大饥，疫，夏大蝗，飞蝗食小麦如割”；崇祯十五年，“怀庆地震，九月开封黄河决”。

蝗灾之外，还有瘟疫。据《明史》记载，从明永乐六年至崇祯十六年（1408—1643），全国共发生大瘟疫19次，其中崇祯十四年（1641）流行的一次瘟疫遍及河北、山东、江苏、浙江等。

崇祯六年（1633）山西暴发瘟疫，至崇祯十四年，瘟疫遍及河北、山东、江苏、浙江等地。瘟疫造成北京人口的大量死亡。崇祯十六年二月，北京城中“大疫，人鬼错杂”，“京师瘟疫大作，死亡枕藉，十室九空，甚至户丁尽绝，无人收敛者”。陕西、河南、河北许多地区甚至发生了人食人的惨剧。“人相食，草木俱尽，土寇并起”，其饥民多投奔李自成。

在靠天吃饭的农耕时代，气候变化对农业生产的影响是决定性的。空前的自然灾害导致了民不聊生的惨剧，也引发了原有社会秩序的失衡。崇祯七年，前兵部尚书吕维祺上书朝廷：“盖数年来，臣乡（河南）无岁不苦荒，无月不苦兵，无日不苦挽输。庚午（崇祯三年）旱；辛未旱；壬申大旱。野无青草，十室九空。于是有斗米千钱者；有采草根木叶充饥者；有夫弃其妻、父弃其子者；有自缢空林、甘填沟壑者；有鹑衣菜色而行乞者；有泥门担簦而逃者；有骨肉相残食者。兼以流寇之所焚杀，土寇之所劫掠，而且有矿徒之煽乱，而且有防河之警扰，而且尽追数年之旧逋，而且先编三分之预征，而且连索久逋额外抛荒之补禄……”

一个转运正常、理政能力强劲的政府，面对如此惨烈的灾情，尚需全力以赴，遑论已是腐因毕呈，沉疴难起的晚明政府。纵观中国古代社会，持续灾荒，饥民遍野，繁苛重赋，是历次王朝更替时农民揭竿而起的重要诱因。“村无吠犬，尚敲催征之门；树有啼鹃，尽洒鞭扑之血。黄埃赤地，乡乡几断人烟；白骨青燐，夜夜似闻鬼哭。欲使穷民之不化为盗，不可得也；使奸民之不望贼而附，不可得也；欲使富之不率而贫，良之不率而奸，不可得也。”

自然灾害往往成为压垮中国古代历代腐败王朝的最后一根稻草，明王朝也不例外，只不过崇祯帝惨逢其时而已。

冯贤亮

复旦大学历史系教授、博士生导师，历史学博士，主要从事江南区域史、明清史、中国社会经济史等方面的教学和研究。曾被评为上海市高校优秀青年教师、教育部新世纪优秀人才，获得中国出版政府奖等。著有《明清江南地区的环境变动与社会控制》、《岁时节令：中国古代节日文化》、《太湖平原的环境刻画与城乡变迁（1368—1912）》、《近世浙西的环境、水利与社会》、《清史》（“细讲中国历史”丛书）等。

清代帝国的政治与人生——从康熙、雍正到乾隆时代

清朝是由一个女真人入主中原，真正融合了农耕区、游牧区与渔猎区的朝代，在历史上也第一次达成了东、西、南、北疆域同一时间都极盛的时代。这个王朝在前期进入经济与文化繁荣的同时，在政治上出现了各种窳败，社会危机时或产生。二百多年王朝变化的历史，在上层的帝王政治与下层的庶民生活日常中，都有不同程度的投射。

清初开国

整个清朝统共 260 多年，从顺治朝至乾隆就占了一半，而且疆域相对稳定，最终使东、西、南、北同时都达到了强盛的状态。在这样的版图内，整个王朝的政治变化可谓波澜壮阔。

从 16 世纪以降，明王朝对于周边民族的统治，因各地的叛服

不定，发生了不少动摇。万历十一年（1583），努尔哈赤（1559—1626）开始了统一女真各部的活动。

努尔哈赤，姓爱新觉罗，入清后被尊为“太祖”，属于明代建州左卫苏克素护部赫图阿拉（今辽宁新宾）人。到万历四十四年，努尔哈赤在赫图阿拉称汗，国号大金，史称“后金”。值得称道的是，努尔哈赤创立了八旗制度。八旗制度规定，300 人编为一个牛录；5 个牛录为一个甲喇；5 个甲喇为一个固山。各级首领分别称牛录、甲喇和固山额真。每固山编为一旗，为正黄、镶黄、正白、镶白、正红、镶红、正蓝、镶蓝共八色，故称八旗。它是一种兵民合一的组织，平时生产，战时出征，是女真人扫荡中原的根本力量。

相对于关外女真人日益强盛的发展态势，关内的明朝统治显得十分疲惫不堪。

首先是天灾不断。水灾、旱灾、蝗灾、瘟疫这些自然界的主要灾患，在明末崇祯朝的每一年都有发生。即使是在自然环境较好、经济长期繁荣昌盛的江南太湖平原地区，灾荒的严重性也使人十分惊讶。

崇祯三年（1630），在江南文人的记忆中，是“大荒”之年。崇祯七年（1634）的景象更加令人堪忧，不仅社会已经出现不稳定，而且天降大灾，旱魃肆虐。到崇祯七年夏季，江南地区发生了大旱。七月初一，应天巡抚张国维与巡按苏松等处监察御史祁彪佳都意识到了这种灾情可能带来的严重危机，联名上奏，要求朝廷重视灾情，并及时缓解民生困境。崇祯年间刻印的张国维《抚吴疏草》，就详细记载了他们的看法：

三吴赋税倍于往昔，灾沴困于连年，民之愁困匪伊朝夕矣……而臣更鳃鳃隐虑者，盖谓东西盗作，处处萑苻，惟此江南一块土尚称安谧。然百年未有之灾频年洊告，恐不聊生之走险而不择也。臣等念切痌瘝，亟欲为民请命……入夏以来，全吴皆苦恒旸。长河之内仅容芥舟，青野之中惟有旱草。凿隧徒尔为其劳，桔槔无所施其械。至今六月黍稷方华之候，而秧犹未浴，仓箱已竭。泛舟不来，米价腾涌，每斗至百四十钱，尚无称贷浸假，而五月十日犹然无雨，则一谷二谷难望其升。将东南数百万之生灵，倚何为命？西北数百万之供亿从何灌输？其可寒心孰甚？

江南是全国的财赋重地，这里出现的危机必将对大明帝国产生严重的影响。

到崇祯十三年（1640）五月，大规模的降水集中发生在南方，北方因缺少降雨而出现了大旱。具体来说，河北、山东、河南、山西、陕西等地都是大旱，蝗灾较重，甚至出现“人相食”的惨象。与此情形相反，浙江等地区普降大雨，引发了一场出人意料的特大水灾。五月初六日的这场大雨日夜不停，连下了十三天。在桐乡县地方，水势漫高都有二三尺，四望一片汪洋，舟船可以在陆地上行驶。

第二年的梅雨季节，出现了与崇祯十三年完全不同的情形，天气突然大旱。江南地方除了大河大湖，小河港都见底了，禾稻枯死无数。而随之降临的蝗灾，更令人惊恐。蝗虫铺天而降，人心忧惶，不知所措。松江府地方的蝗灾显得更为严重，许多稻田全被蝗虫食尽。行走于路上的人，还需用扇子等物遮挡面部，以挡避铺天而降的蝗虫。

到崇祯十七年（1644），为清军的顺利入关创造良机的，是李自成的进军北京。当时，正处于清军、明朝、农民军三方鼎峙、相互牵制的复杂格局之下，北京地方官绅军民的心态与行动也是相当复杂的。反对农民军，是要维护明朝的大统；抵抗清军，是要保护国家的立场。明王朝的决策有时又游移不定，似乎“攘外必先安内”总是最后的选择。

1643年，京城流行一种怪病，有人身上长出赘肉，会化脓，然后暴死。1644年初，流行呕血病，十分恐怖。有人分析说，这是鼠疫。天气更是糟糕，沙尘暴隔二三天就会来一次，甚至一日三见。

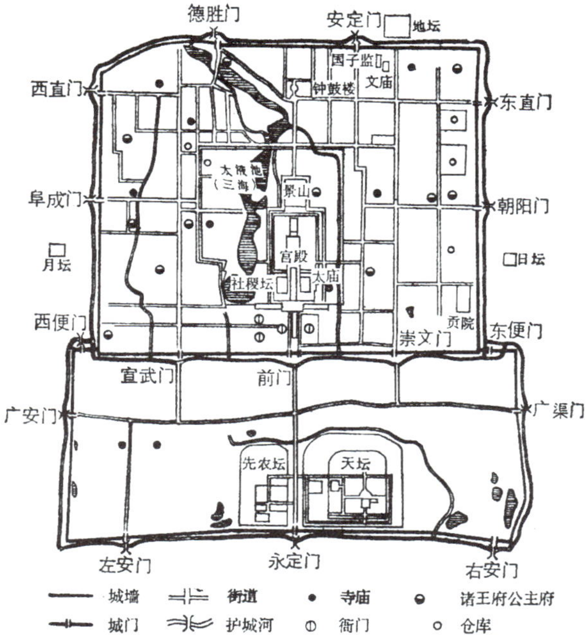

图1　清代沿用明代的北京城平面图

整座京城，仿佛死城，人们在恐惧之中，感觉死亡随时都有可能降临到任何一个人的头上。

数量不菲的官员们在干什么呢？也许在祈祷禳灾，也许还在搜刮财物，当然也有可能真的是在“忧国”，因为大批暴怒的农民正在快速接近京城，关外还有清军铁骑的虎视，让他们时刻坐卧不安。

崇祯十七年三月份的一个夜晚，有个叫曹化淳的太监，将外城西面的广宁门打开，让农民军顺利进城。十八日，早在昌平投降的太监杜勋，还被作为李自成的谈判代表，用软梯进入内城，要崇祯逊位。当要求被拒绝后，第二天，在兵部尚书张缙彦的主动迎降下，农民军开始大批进入内城。一路上，市民百姓已得到招呼，都在门前摆设代表李自成政权的“永昌”香案，在门上写着“顺民”两字，以求平安无事。

农民军并未在皇宫中找到崇祯，到二十二日，确知崇祯帝在煤山（今景山）自缢身亡了。李自成下令，要对崇祯礼葬。

王朝的更替似乎就这样顺利地完成了。

四月中，京城里忽然传出流言，说明朝气数未尽，原东宫太子将做皇帝，大明就会中兴。山海关守将吴三桂已在南下，准备投顺李自成，半路上得知家中被抄，一怒之下返回山海关，剃发投清。对于此举，著名文人吴伟业曾有诗作，意思是说，吴三桂是因爱妾陈圆圆被掠，而有“冲冠一怒为红颜”之举。这种解释，虽非完全符合历史，但影响较广，成为后来人们对于这段历史的一些基本认识，并大为流行。

李自成得知吴三桂反叛后，即亲率大军，奔赴山海关前线，与吴三桂开战，结果大败而回。据记载，四月二十九日，农民军回城后，吴家大小三十四口，就全被杀掉。第二天清晨，李自成等人仓促撤出京城，开始向西安方向退却。

京城的百姓得知吴三桂胜了，以为明朝的太子将重建大明王朝，都在准备迎接。香案摆好了，路上已净水泼街，为了表示对崇祯的哀悼，许多官绅都穿着白衣，迎候在东郊。令人们感到惊异的是，进城的并非吴三桂，而是奇装异服、人高马大的满人。对此，有个“葫芦道人”在《馘闯小史》中写道：当时“城中百姓俱不知，……及至，则秃发长髯，语言不同，官民皆相顾失色。”

有人传信，要官绅们速速除去白衣，迎接大清的摄政王多尔衮。原来，吴三桂受命不准进城，直接去追杀西去的农民军了。

1644 年农历五月，清政权就向朝鲜、蒙古发出捷报，表明其胜利之姿态。清军进驻北京城，多尔衮住在宫中的武英殿，下令手下人等不许擅入民居，使百姓生活保持安定；对归顺的明朝官员，予以加官晋爵；同时，给死去的崇祯帝举行隆重的丧礼。

农历九月份，年幼的爱新觉罗·福临进入了山海关，经过永平、通州来到京城，从正阳门入宫。十月一日，他携领文武大臣到南郊祭告天地，正式即皇帝位，年号顺治。这标志着清王朝定鼎中原的开始。

从这时起，直到 1661 年，即顺治十八年，西南地区最后的南明政权永历朝的结束，清朝在南北地区才算基本统一。

整个顺治朝只有 18 年，有很多新的政治调整和措施的推行，包括赋税、徭役以及科举考试等方面的内容，主旨多在休养生息。顺治帝最后公布的遗诏，让人很是感怀，大多是讲他作为一个帝王做得还不够好，生活上不能节俭，使用人才也没有到位。民国年间编写《清史稿》的学者们，认为在这样一个大乱的时代，慢慢向一个秩序稳固时期迈进的历程中，顺治帝在位期间确实做了很多好事，堪称史不绝书，唯一可惜的，就是在位时间太短。

江南之变

实际上，当李自成等人在陕西等地起事、中原地区一片战乱之时，南方地区仍然显得相当安定。此后对南方社会引起大震动的事件，莫过于崇祯帝的死讯南传。

由于战乱，李自成攻破北京城、崇祯帝自缢于煤山的消息，通过大运河传递至长江以北的如皋县时，已是四月十五日了。如皋籍著名文人冒辟疆在其回忆录《影梅庵忆语》中，描述了这一消息对南方地区所产生的震动："甲申三月十九日之变，余邑清和望后，始闻的耗。邑之司命者甚懦，豺虎狰狞踞城内，声言焚劫。郡中又有兴平兵四溃之警。同里绅衿大户，一时鸟兽骇散，咸去江南。"许多人开始逃到长江以南。江南地区确知北京方面的消息时，已晚至四月底五月初。

江南，从唐宋以来，一跃成为中国经济、文化至为繁荣之地，承担了全国绝大部分的财赋。这里风景怡人，人口众多。南来北往的人，怀着不同的目的，都会来这里。由于明朝初期曾经在南京定都，所以与后来在北京的都城，合称"两都"。北都是全国的政治中心，南都的行政机构与官员配置全部仿照北都的样式，是南方的第一大都会。南都所在的行政区称南直隶，包括极为富庶的苏州府、松江府、常州府、镇江府等地；邻近的嘉兴府、湖州府、杭州府，属于浙江。中间夹带一个太湖，周边河港密布，属于典型的水乡泽国。

历代的文人与官吏，在他们的笔录中，反复强调江南在整个中华帝国中的隆崇地位。这当然指的是江南繁荣的经济生产带来的巨大赋税收益，曾支撑了帝国经济生活和社会调控的大部分内容。明代后期的人们曾说“苏松财赋半天下”，这里一个县的赋税收益，“可敌江北一大郡”。清初大儒、昆山人顾炎武在《日知录》中进一步论道：“韩愈谓赋出天下而江南居十九。以今观之，浙东、西又居江南十九，而苏、松、常、嘉、湖五府又居两浙十九也。”

在经济生产日显繁荣的前提下，人们的生活需求也日趋多样，社会风气变得相当奢华。与中国的其他地方相比，江南长期的安谧，使其成为一个令世人向往的地方，很多人都把这里当作人间的乐土。老百姓们只知道努力耕作以纳赋税，到老死都不知有兵争、死亡、危阽之忧。

所以，“甲申之变”对于长久处于安逸生活中的江南士绅而言，堪称“天崩地裂，悲愤莫喻”；在他们的记述中，多将此视为“万古痛心事”，仿佛日月湮沦。忠于明室正统的士大夫们为大明的覆亡痛泣了三日。不久，人称“醉梦不醒人事”的弘光帝朱由崧在南京登极，才使变乱中的江南人心稍微稳定。

在北方陷落后，南方地区很快形成了对抗的局面，明室子孙被相继拥立，在南京、绍兴、福州、肇庆等地建立新的政权，统称南明王朝。

当中呈现的许多抵抗北方异族入侵的历史片断，显得十分悲壮。在清军从扬州、南京、镇江、江阴直至苏州等地的南下进程中，就

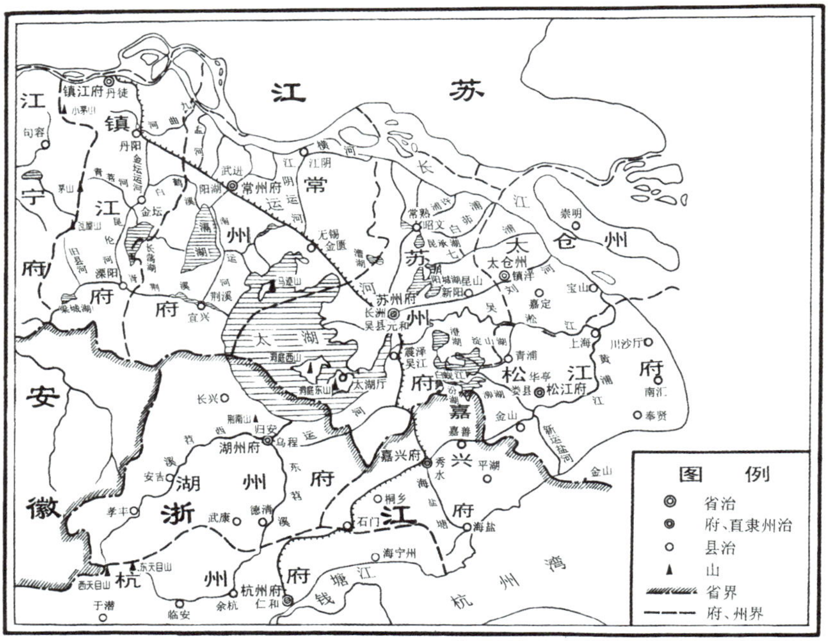

图 2　江南的核心太湖平原

出现了很多令人感怀的抗清故事。

譬如，清兵即将攻至嘉定城的时候，远在郊区紫隄村（今诸翟镇）养病的乡绅侯峒曾，被好友黄淳耀等人请至城中，领导当地的抗清活动，最后与他们一起殉难。而侯峒曾的弟弟岐曾，则奉兄长之命，护持老母亲和家中大小避往乡间，躲过了这一劫。但侯岐曾等人一直从事着地下抗清活动。侯岐曾从 1646 年正月开始，决定写日记，直至次年五月十日终止。他在日记中，除了用比较隐晦的方式，记述他与一些有志之士抗清的活动外，还有江南地区与之相关的消息，时时抒发自己存活于世的苦痛之情。他觉得每天都可以死，每天都会死，每天都应该死。最后是因负责传递消息的谢尧文在柘林被抓叛变，侯岐曾与陈子龙、夏完淳、顾天奎等人全部被捕杀。

参与这次抗清活动而死难的人当中，还有一个人出身于松江望族，即董祐申。松江董氏最有名的，当然是明末的董其昌。在董其昌之后，经历明清政权更替，董家也趋衰落。到顺治年间，家族复兴的希望，主要寄托在董其昌的从曾孙董含、董俞等人身上。顺治三年（1646），由于科考的恢复，他们都开始参加考试，虽然才识很高，但并不顺利。直到顺治十八年（1661），董含终于考中进士，位列二甲第二，时年36岁。由于是二甲，需要观政实习。而就在实习期间，江南地区爆发了影响深远的“奏销案”，他的功名与很多人一样都被革去。

在那样一个变化复杂的时代，短期内盛极而衰的景象，真像孔尚任在《桃花扇》对于人生的感慨一样，“眼看他起朱楼，眼看他宴宾客，眼看他楼塌了”。

康熙治世

王朝变革给中国的地方社会与民众生活，显然带来了极大的影响。但如果从大的政治、制度变化来说，又显得平淡无奇，依然延续着中国几千年来朝代兴亡的陈旧故事。

顺治朝虽然很短，但开启了清代二百多年的政治、社会、经济、文化等方面的制度，树立了不少典范。

有学者曾认为，明朝的亡国，“三饷”也是一大原因。所以清人推出了“养民之道”，主要在于“省刑罚，薄税敛”，将明朝的“弊政”，特别是加派辽饷、剿饷、练饷等，尽行废止。依照原来“会计录”的标准收税，并且在很多地方下令蠲免逋欠钱粮。这是清初政府较为宽松的一面，意在安抚民心。但是，顺治十八年出现的江南奏销案，却又展示了其实施严紧政治统治的另一面相。

这一松一紧的政治策略，在清初十分明显。降臣、原明朝刑部侍郎金之俊曾有十条“十从十不从”的纲领性建议，堪为代表。基本内容是：“男从女不从，生从死不从，阳从阴不从，官从隶不从，老从少不从，儒从而释道不从，娼从而优伶不从，仕宦从而婚姻不从，国号从而官号不从，役税从而言语文字不从。”

顺治元年（1644），金之俊以兵部侍郎的身份，要求清政府下令各平定之区，招抚“土寇”；有率众归顺的，地方州县可以编置牌甲。他的这些建议，全被采纳。

在清朝的统一战争中，开国重臣范文程不断建议说：“好生者天之德也。兵者，圣人不得已而用之，自古未有嗜杀而得天下者。”国家要统一，必须安抚百姓，所以又申严纪律，“妄杀者有罪”。进入北京后，他建议用厚礼安葬崇祯帝。当时皇宫中已是一片灰烬，他又收集各种籍册文书等，事无巨细，参与了重大决策的讨论。他特别指出，一定要革除明朝弊政。《钦定八旗通志》卷一百八十九记载道：“明季赋额屡增，籍皆毁于寇，惟万历时故籍存。或欲于直省求新册，文程不可。曰：‘即此为额，犹恐病民，岂可更求哉？’自是天下田赋悉照万历年间则例征收，除天启、崇祯时诸加派，民获苏息。”

清政权入关后的十八年，基本上都属清王朝的开创阶段，平定中原，西征南伐，国基初定。《清实录》中对顺治弥留之际的情况有这样的记录：顺治十八年正月壬子（初二日），“上不豫”，很快病情加重；初六日夜，“上崩于养心殿”，接着遗诏颁示天下。从顺治生病到死亡极短的时间内，中央的活动都是在消灾祈福，还派人传喻“京城内除十恶死罪外，其余死罪及各项罪犯悉行释放”。

顺治临死之前的遗诏，是对自己一生的评价，罗列了十四条罪过，堪称“罪己诏”。顺治生前曾多次召见德国传教士汤若望，天主教徒的感恩思想、反思自律的行为，对顺治恐怕也有一定的影响。这份遗诏，还经过御前大臣的三次修改。在遗诏的最后，他命索尼、苏克萨哈、遏必隆、鳌拜为辅臣，要求他们忠心辅保幼主玄烨。

玄烨在6岁的时候，据说就很讨顺治帝的喜欢。有一次与二哥福全一起去请安，顺治帝问他们以后有什么愿望，他二哥说以后愿为贤王，玄烨讲愿效法父皇。玄烨登基没过多久，就让时人看到了他的过人之处。康熙八年（1669）五月，和往常一样，16岁的康熙帝处理了日常政务，升黄机为吏部尚书、郝惟讷为户部尚书、龚鼎孳为礼部尚书，起用王弘祚为兵部尚书，这些都是重用汉人的大措施，似乎与乃父的政治路线并无二致，也没有什么让人感到异样的地方。过了几天，康熙就下诏逮住鳌拜，进行审查。此举让朝野上下十分震动。后来世人将杀鳌拜与禁朋党、“更名田”、收台湾、御沙俄、编字典等方面，归纳为康熙帝最值得称道的功业。

有趣的是，康熙大力推行的民间思想教化，就源于明太祖朱元璋的二十四字圣谕“孝顺父母、尊敬长上、和睦乡里、教训子孙、各安生理、勿作非为”。后来，他的圣谕被整理成“圣谕十六条”这样的教育文本，要求州县地方每月学习两次，以期于制度保障外，在思想上进一步稳固王朝的统治秩序。

董其昌的从曾孙董含，就生活在这样的时代。可是很不幸，他

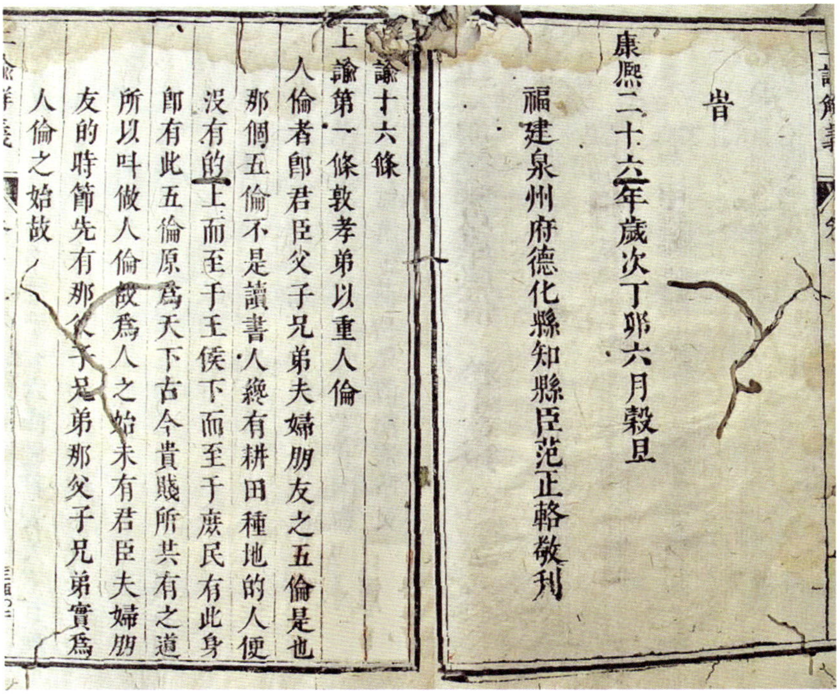

旨

康熙二十六年歲次丁卯六月穀旦

福建泉州府德化縣知縣臣范正輅敬刊

諭十六條

上諭第一條敦孝弟以重人倫

人倫者即君臣父子兄弟夫婦朋友之五倫是也

那個五倫不是讀書人纔有耕田種地的人便

沒有的上而至于王侯下而至于庶民有此身

即有此五倫原爲天下古今貴賤所共有之道

所以叫做人倫故爲人之始未有君臣夫婦朋

友的時節先有那父子兄弟那父子兄弟實爲

人倫之始故

图 3　康熙二十六年福建德化县刊印的“圣谕十六条”

在顺治十八年考中进士不久，就因“奏销案”而被斥革了，人生一直很低落，对康熙初期社会的看法也多持批评之态。很快，因为三藩之乱的爆发，地方社会的乱相遍生，在董含看来已无法用语言来形容。所以，康熙帝就下了一个圣谕，说治世之道在于正人心，并申说了许多与此相关的要求。董含对于这一点倒是称颂有加，认为有了皇帝这道圣谕，社会应该会太平一点，秩序会变好，百姓生活可安枕无忧。但同时，他在笔记《三冈识略》中写了不少地方社会与政治窳败的景象，所谓百姓造孽者多，官府明断者少，存在着是非混淆的社会实态。

康熙十七年（1678），正当平三藩的紧张时刻，康熙下诏说：

"自古一代之兴，必有博学鸿儒振起文坛，阐发经史，润色词章，以备著作之选。朕万机余暇，游心文翰，思得博洽之士，用资典学。……凡有学行兼优、文词卓绝之人，不论已仕未仕，在京三品以上及科道官员，在外督、抚、布、按，各举所知，朕将亲试录用。其余内外各官，果有真知灼见，在内开送吏部，在外开报督抚，代为题荐。"并自次年三月初一日始，正式开设"博学鸿儒科"，希望消弭海内漠视新朝之心，网罗天下士子，为新王朝服务。

康熙帝有六次南巡，比较出名，并为其孙乾隆帝所仿效。第一次是康熙二十三年，那时董含还在世。苏州地方负责接待的官员是巡抚汤斌。汤斌的节俭是出了名的，有"豆腐汤"的称号，他接待康熙的规格和排场，应该不太阔绰奢华。比较而言，康熙二十八年的第二次南巡更为气派。次年，已近六十岁、没有任何功名的常熟画家王翚，在友人王原祁、学生宋骏业等人的推荐下，去北京主持《康熙南巡图》的绘画工作。几年后，这个浩大绘画工程完成了，他放弃了康熙帝的授官，返回江南。京城的达官贵人们写了不少诗篇为他送行，康熙帝还题赠"山水清晖"四大字以恩赏。所以王翚后来就自称清晖主人，住的地方取名清晖阁，编的文集即称《清晖堂集》，其私心仍是以此为荣的。显然，康熙帝的南巡，除了视察黄河等人水利、关心地方百姓生活外，对清初开国以来饱受打压的江南士人，输送出了缓和之风，"怀柔"的一面体现得尤其明显。清廷借此希望更多地获取江南士人的支持，无论是政治、经济还是文化领域。

在松江，董其昌家族从明末以来，已经出现衰落之态。到康熙四十四年，董家仍然希望乘康熙帝第五次南巡之机，能够获得家族再度荣耀的契机。他们知道康熙帝甚爱董其昌的书画，就由董其昌的嫡孙、时为国子监生的董建中向南巡至松江的康熙帝进献了董其昌的画，果然得到了康熙帝的传谕：“你进呈的俱收了，你的画上谕很好，你祖董其昌的书法，皇上自幼临写的，对你子孙说知。”

康熙极为重视从中国的历代治乱兴亡史事中，吸取治政经验，广泛阅读史籍，晚年还告诫臣僚说：过去梁武帝是创业英雄，后至暮年，为侯景所逼，于是有“台城之祸”；隋文帝也是开国君主，却不能预知炀帝之恶，以致国运不克全终。类似的情形，历史上还有不少，都是由于不能及早察知。至于汉高祖传遗命给吕后，唐太宗定储位于长孙无忌，朕每览之，也深以为耻。所以，他主张要以史为鉴，要善于洞察奸恶并及早杜绝。他还说：我已年近七旬，在位五十多年，天下也算粗安，四海尚属承平，虽然未能做到移风易俗、家给人足，但是，时刻都怀着小心谨慎的态度，夙夜不敢懈怠，殚心竭力，数十年如一日；有人说，帝王只需大纲，不必躬亲细务，朕觉得不对；在朕看来，一事不谨，即贻四海之忧，一时不谨，即贻千百世之患。都要谨慎！

康熙五十二年三月初，康熙与臣下说：“朕昨还京，见各处为朕保釐乞福者，不计其数，实觉愧汗。万国安，即朕之安，天下福，即朕之福，祝延者当以兹为先。朕老矣，临深履薄之念，与日俱增，敢满假乎？”康熙认为，国家安定才是真正的康安，才是天下人的福气，也是他的福气，不应只为他祈福保安。所以又说：“各省祝寿老人极多，倘有一二有恙者，可令太医看治。朕于十七日进宫经棚，老人已得从容瞻觐。十八日正阳门行礼，不必再至龙棚。各省汉官传谕知悉。”要求优待天下高寿老人。不久就是万寿节，康熙到太和殿接受百官的朝贺，康熙下令要锡高年、举隐逸、旌孝义、蠲逋负、鳏寡孤独无告者官为养之、罪非殊死咸赦除。请各地官民 65 岁以上的，赐于畅春园大宴；80 岁以上的老人，由他亲自敬酒。他说："古来以养老尊贤为先，使人人知孝知弟，则风俗厚矣。尔耆老当以此意告之乡里。昨日大雨，田野霑足。尔等速回，无误农时。"那时，参与畅春园大宴的，90 岁以上有 33 人，80 岁以上有 538 人，都获得了朝廷的赏赐。

雍正政治

康熙六十一年十一月，北京天气已很寒冷，一代名主康熙走到了人生的尽头。在畅春园休养的他，已经感到时日无多，召集臣下到斋宫，宣读了遗诏嗣位。过了几天，他就驾崩了。

据记载，在康熙数十个儿子中，皇四子胤禛的天资最高，所谓"生有异征，天表魁伟，举止端凝"，为人刚毅，处事果断。而承继皇位的正是胤禛。即位之初，他即下令，由贝勒胤禩、皇十三弟胤祥、大学士马齐、尚书隆科多总理事务；召抚远大将军胤禵来京；命兵部尚书白潢为协理大学士；以杨宗仁为湖广总督，年羹尧任广东巡抚。

雍正是人到中年才有机会做皇帝，工作上异常勤奋。就性情而论，他是清代历史上一位极有趣的帝王。他对社会上因皇位继承对他产生的怀疑，而专门撰写一本《大义觉迷录》，进行辩白。他喜欢道装的样子，让心腹大臣帮他四处寻访有异术、通达性命修养的人，他说"有用处"。他自编了《醒世歌》，说："南来北往走西东，看得浮生总是空。天也空，地也空，人生杳杳在其中。日也空，月也空，来来往往有何功。田也空，地也空，换了多少主人翁。金也空，银也空，死后何曾在手中。妻也空，子也空，黄泉路上不相逢。”其意味，像极了《红楼梦》中的《好了歌》。而且，就今天留下的宫中档案来看，他将康熙时代就已常用的“密折”方式，推到了极致，留下文字内容十分丰富的“密折”批语和官员履历的评语，在位十三年，超迈清代的任何一个君主。

雍正骂人的时候，在朱批中会写“可谓良心丧尽，无耻之小人也”。批提督江南总兵官高其位的奏疏时，这样说：“朕躬甚安，不必为朕过虑。你好么？好生爱惜着，多为朕效力几年力！”体现了他可爱的一面。他喜爱年羹尧时就这样写：“朕实不知如何疼你，方有颜对天地神明也”；甚至说年羹尧是“朕永远料理事之大臣也”。但翻脸时，变化极快，雍正三年处置年羹尧时就批道：“尔亦系读书之人，历观史书所载，曾有悖逆不法如尔之甚者乎？”他宽慰所喜爱的总督田文镜这样说：“你若信得过自己，放心又放心，就是金刚不能撼动朕丝毫，妖怪不能惑朕一点！”有时也闹点小情绪：“朕就是这样汉子！就是这样秉性！就是这样皇帝！尔等大臣若不负朕，朕再不负尔等也。勉之！”

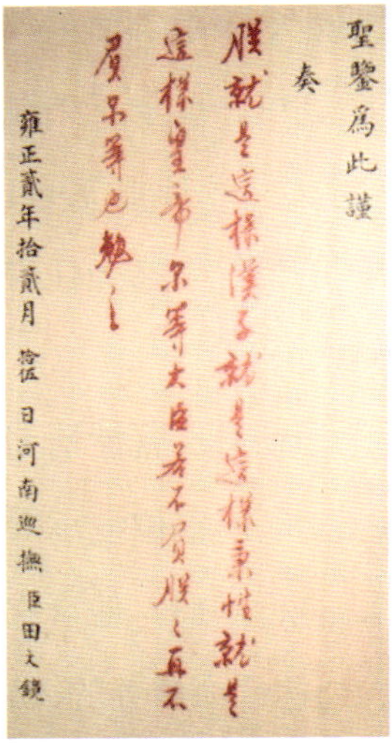
聖鑒爲此謹
奏
朕就是這樣漢子就是這樣秉性就是
這樣皇帝爾等大臣若不負朕朕再不
負爾等也勉之
雍正貳年拾貳月廿伍日河南巡撫臣田文鏡

图 4　雍正批田文镜折

他需要经常考核各级官吏，总的来说，比较注意长相、官话的标准度以及是否能被他看透等，而且不太喜欢浙江、福建等地出身的官员，并以此为考核的一些基本内容，写在官员的履历档案上。所以，批语中“只恐有浙江习气”、“好的，一点无浙江习气”、“不似浙江人”、“不似福建人”等等类似的表达，随处可见。

在内政方面，雍正推动的多项改革举措，使清代的政治体制大体上得到完善。

譬如，他改革八旗制度，裁抑原满洲部落贵族的特权，撤销旗下护军，禁止八旗宗藩与外廷交通、接受私谒，八旗兵权统终归皇帝一人。雍正采取了极其严酷的措施，大杀满族亲贵，直接委派亲信管理各地旗务，全面剥夺了原八旗旗主的兵权。这样一来，八旗就能直接听命于皇帝，成为中央集权制下的常备军。八旗兵共分满、汉、蒙，各置八旗，总共有24旗。其中一部分留守京师，称“禁旅八旗”；一部分驻守地方，称“驻防八旗”。所有八旗中，仍以满八旗为主。除此之外，还有绿营兵，由收编后的明降军和汉族地主武装组成，配合八旗兵驻防北京和全国各地，由此在全国形成十分严密的军事控制体系。

在宏观控制层面，雍正还进一步加强了对总督、巡抚和地方政情的控制。与明代不同的是，明代的总督、巡抚大多为临时委任，负有监察或特殊军事统领之责，行省一级最高行政长官为布政使。明代后期因军事控制的需要，才在各地增设总督，也非普遍现象。清代将督、抚制度化后，总督、巡抚成了固定的封疆大吏，代表皇帝总揽一省或数省的军政大权。督、抚们可以通过“奏折”或“密折”，直接向皇帝汇报军政大计，皇帝有密谕，则通过“廷寄”迅速直接地传到督、抚那里。

早在雍正二年二月，雍正发布了《圣谕广训》，对康熙制定的

"圣谕十六条"，作了解释和发挥。这仍然是康熙的思想教化的套路，要求在城乡地区大力推动学习的热潮。后来出来的《圣谕广训衍》，是对雍正《圣谕广训》的深入补充解读本。篇首就是"敦孝悌以重人伦"，解释雍正的思想来源："万岁爷意思说：我圣祖仁皇帝（康熙），坐了六十一年的天下，最敬重的是祖宗，亲自做成《孝经衍义》这一部书，无非是要普天下人都尽孝道的意思。所以'圣谕十六条'头一件就说个'孝悌'。世宗宪皇帝（雍正）坐了位，想着圣祖教人的意思，做出《圣谕广训》十六篇来，先把孝悌的道理讲给你们众百姓听。"

这些思想教化的东西，在雍正看来，仍有着加强地方社会政治控制的作用。因此，在雍正二年的时候，曾让十分精通吏治、有着丰富地方基层工作经验、熟悉地方利弊的大学士朱轼、左都御史沈近思，商量编定一部地方州县一级行政的规条。但书未编完，沈近思就死了，朱轼经常生病，随后未完的工作交给了同样有着丰富实际工作经验的田文镜和李卫去办。这两人不负雍正嘱托，很好地完成了任务，让雍正十分高兴，下令马上刻印，颁发给全国的每一个州县衙门，让州县官们"置之几案间，朝夕观览省察"，注意加强自己的工作。

雍正三年三月初，雍正下谕说："朕闻有数省督抚藩臬不能约束书吏者。其胥役人等狐假虎威，无威不作，而督抚衙门为尤甚。"这些衙吏经常借势欺诈地方官吏，中饱私囊，无恶不作。督抚衙门已是如此，地方州县衙门的情况肯定更加糟糕。州县长官是亲民之官，他们政治品德的好坏，直接影响到天下百姓的切身利益。但州县官大多是那些刚中科举后出道的读书人，根本没有什么吏治的实践经验，为官期间，很容易让那些衙门胥吏牵着走。所以，由他钦定的这部州县规条，就可以成为地方官吏政治实践的重要思想指导。

这本小册子以《州县事宜》的名字，在雍正八年间颁发全国，在清代后期重印过几次，一直深受重视。《州县事宜》提及的地方官从政要求，实际上就是地方行政的基本程序和规范，包括官员的到任、交盘、关防、宣讲圣谕律条、放告、催科、借粜仓谷、弭盗、验伤、听断、堂事、防胥吏、慎延幕宾、待绅士、免行户、谨差下乡、劝农桑、严禁狱、讲读律例、操守，共计二十条，十分扼要全面，涉及的都是地方行政最重要的事情。其中，就有“宣讲圣谕律条”这项内容。

在地方行政的整顿中，另一项极重要的内容，就是“火耗归公”政策的推行和养廉银制度的确立。“火耗归公”，也称“耗羡归公”，是与“摊丁入地”相对应的一项重大财政改革。“耗羡”的意思，一般认为就是“火耗”，最早出现在地丁钱粮的征课工作中。由于地丁钱粮的征课中所征得的税银成色不同，上解户部的银两要求一定的成色，必须经过熔销重铸才能解送。税银在熔铸时要产生一定的损耗，称为“熔销折耗”，税吏为补偿耗蚀，就加额多征，或每两加征一钱余（称加一耗），或每两加征数钱不等，既补折耗，又可营私分肥。还有人认为，耗羡是征收加耗抵补实际损失后的剩余，甚至是火耗与羡余的合称。

可能过于勤政以及身体上的一些问题，雍正帝在位只有 13 年。

雍正帝有十个儿子，长到成年的有四个，即弘时、弘历、弘昼、弘瞻。继承皇位的就是弘历。这位后来自号有“十全武功”的乾隆皇帝，据说在幼时算过八字，批语：“此命贵富天然，这是不用说。

占得性情异常聪明，秀气出众，为人仁孝，学必文武精微；幼岁总见浮灾，并不妨碍；运交十六岁，为之得运。该当身健，诸事遂心，志向更佳，命中看得妻星最贤，最能子息，极多寿元。”所测算的结果，与乾隆帝的生活史大体相符。

社会变化

经过顺治年间的休养生息，康熙年间的战事平定，雍正年间的政治、经济整顿，清代真正全盛的局面终于出现了。这是乾隆的幸运。因为乾隆本身并无太过杰出的成就，他所依赖的，正是前面几位帝王开创的良好局面。对他来说，哪怕只是守成，也足以让清朝

图 5　英国人亚历山大（1767—1816）想象乾隆接见英国使者的场面

稳住太平盛世的基本局面。

对这位文治武功都很自负的乾隆皇帝，历史上给了他一长串的名号，称“高宗法天隆运至诚先觉体元立极敷文奋武钦明孝慈神圣纯皇帝”。

登基以后，针对边疆局势的不稳定，乾隆推动了一系列戡乱治平工作，居然颇为成功，使他十分自负。到乾隆五十七年，乾隆把自己的战功归结为十大件，并赋诗自我矜夸这“十功”，即平准噶尔，定回部，扫金川，靖台湾，降缅甸、安南，受廓尔喀降等，号称“十全武功”。

从中国大历史的发展来说，乾隆朝也是多民族国家又一个统一稳固的重要时期。许多人认为，乾隆在位的六十年，政治比较清明，社会比较稳定，经济十分繁荣，文化更是昌盛。这种盛世的局面，清代人也表示认可。

清代著名文人沈复，以写作小品文《浮生六记》出名，他就说过：“余生乾隆癸未（二十八年）冬十一月有二日，正值太平盛世。”后来到中国的朝鲜使者朴趾源，对这个王朝的繁盛，十分赞赏：“今升平百余年，四境无金革战斗之声，桑麻菀然，鸡狗四达，休养生息乃能如是，汉唐以来所未尝有也。”一派升平景象，仿佛又是一个汉唐盛世。

百姓生活中，奢靡化的倾向较为普遍。特别是在江南，那里的百姓在生活上的许多追求，引领全国潮流。出身昆山世家的龚炜，却对此表示了忧虑，认为这样的生活取向不应当支持。他在《巢林笔谈》中说：“吴俗奢靡为天下最，日甚一日而不知反，安望家给人足乎？予少时，见士人仅仅穿裘，今则里巷妇孺皆裘矣；大红线顶十得一二，今则十八九矣；家无担石之储，耻穿布素矣；团龙立龙之饰，泥金剪金之衣，编户僭之矣。饮馔，则席费千钱而不为丰，长夜流湎而不知醉矣。物愈贵，力愈艰，增华者愈无厌心，其何以堪?”在龚炜看来，他小时所见的社会景象，与乾隆盛世所见的江南社会风气，实在太不同了。就连最知礼仪的读书人，也以穿素布衣服为耻；饮食娱乐，要花很多钱，而一点也不心疼，觉得都是时尚。龚炜觉得，这样奢化的风气，他不能接受，他觉得一丝一粟都是祖父辈勤苦所得而传给他的。所以他觉得社会再繁荣，仍应保持勤俭之风。

其实在这样的大背景下，文人们的生活中还存在许多恐慌的情态，文字狱的影响就是一个显例。据统计，清代像吕留良案、庄廷鑨刊刻明史案这样的文字大狱，总共有88起。其中，顺治朝2起，康熙朝2起，雍正朝4起，其他都发生于乾隆朝。其他小的文字之狱，则多如牛毛。这里可以举两个例子。

一是“字贯案”。这个案子算不上文字大狱，讲的是江西一个迂儒王锡侯，因缩编《康熙字典》成《字贯》一书，被一阴险同乡告发，查出不但擅改御编《康熙字典》，而且书中将皇帝的庙讳直行排下，犯下叛逆之罪，被抄家、杀头，全家大小二十一口均连坐，或处死，或充军。有一份抄家清单留了下来：“住房十间半，连砖瓦基地等项，共估值银三十六两六钱。门首空地一段，估值银三两六钱。鱼塘一口，估值银一两二钱。屋后菜地一块，估值银十二两五钱。竹木床、凳、盘、桶、箱、柜、锡铁瓷瓦、零星物件等项，共估值银六两九钱六分一厘。谷一石五斗，估值银七钱。小猪一口，估值银三钱二分。鸡五只，估值银一钱五分。”所有家当加起来，还不过六十两，十分可怜！

二是“投书案”。山西临汾县一个迂腐而有些脑子发疯的秀才冯起炎，同时看上了张三姨妈和杜五姨妈两家的女儿，但根本无力婚聘，得知乾隆帝将到泰陵拜谒，途中带着能显示其才学的《易》、《诗》二经的注解文稿，拦驾投呈，只是希望乾隆帝帮助他得偿所愿。不料，他的这种形迹被认为十分可疑，就被官府抓起来了。负责审查他的直隶总督袁守侗，说他是“胆敢于圣主之前混讲经书，而呈尾措词，尤属狂妄”，觉得罪情比冲撞皇上仪仗更重，结果冯起炎被发往东北给披甲人为奴。

就像鲁迅讲的，那时文人招惹的文字之祸，“有的是卤莽；有的是发疯；有的是乡曲迂儒，真的不识讳忌；有的则是草野愚民，实在关心皇家。而运命大概很悲惨，不是凌迟，灭族，便是立刻杀头，或者‘斩监候’，也仍然活不出”。

当然，清王朝对于知识分子总体上是取笼络之态的，毕竟庞大的国家很需要从科考之途上攀升成功的精英分子，充实到各级行政机构中，使清朝社会更为有序而稳定的发展。而科举考试的成功，给予传统时代知识分子的诱惑确实极大。也使人们相信，唯有通过科举的成功，才能达到人生的终极目标。

科举兴盛下的儒林人生，就如乾隆年间吴敬梓完成的《儒林外史》中所描画的那样，是复杂多样的。一般而言，读书人只要考取生员（秀才）的资格，家中可以免掉一定比例的丁粮税，政府提供廪膳银（生活费），各地有专门的学院、学道、学官负责他们的科考应试工作，各地衙门官吏对他们要以礼相待。乾隆元年还有新规定，只要拥有生员、贡士、举人的功名，还可以免掉杂色差徭。但如果一生与科考成功无望，就很有可能像蒲松龄所悲叹的，“世界万般皆上品，惟有读书是下流”。

清初开国，经历漫长的康乾盛世之后，其实王朝开始中衰。相对而言，顺治朝是清朝刚刚建立，亟需抚平战争、推广休养生息的政策。康熙朝则延续了这一政治主线，同时也注重文化上的调控和笼络。到雍正时代，整个王朝基本稳定，但是基层社会吏治的整顿被提到很重要的层面。至于此后的乾隆朝，经过祖父辈的长期经营，王朝的巩固工作仍在断续进行，但总体上属于文武治世的状态，天朝自大的心理在滋生和膨胀，让外国人都觉得已有“停滞”之态。这种盛世之末的感觉，到嘉庆、道庆年间变得更为深重。

图书在版编目(CIP)数据

从历史看中国:中国历史十二讲/上海市社会科学界联合会编. —上海:上海人民出版社,2018
(东方讲坛.社会科学普及读物系列)
ISBN 978-7-208-14906-9

Ⅰ.①从… Ⅱ.①上… Ⅲ.①中国历史-文集 Ⅳ.①K207-53

中国版本图书馆 CIP 数据核字(2017)第 287883 号

责任编辑 高笑红
封面设计 陈 楠

东方讲坛·社会科学普及读物系列
从历史看中国
——中国历史十二讲
上海市社会科学界联合会 编

出 版 上海人民出版社
(200001 上海福建中路 193 号)
发 行 上海人民出版社发行中心
印 刷 上海中华印刷有限公司
开 本 720×1000 1/16
印 张 16.25
字 数 176,000
版 次 2018 年 5 月第 1 版
印 次 2018 年 5 月第 1 次印刷
ISBN 978-7-208-14906-9/K·2704
定 价 68.00 元